[Wissen für die Praxis]

Karl-Friedrich Moersch

Die Eigentumswohnung von A–Z

Antworten auf alle wichtigen Fragen

20., neu bearbeitete Auflage

WALHALLA Rechtshilfen

WALHALLA

Bibliografische Information der Deutschen Nationalbibliothek
Die Deutsche Nationalbibliothek verzeichnet diese Publikation in der Deutschen Nationalbibliografie; detaillierte bibliografische Daten sind im Internet über http://dnb.dnb.de abrufbar.

Zitiervorschlag:
Karl-Friedrich Moersch, Die Eigentumswohnung von A–Z
Walhalla Fachverlag, Regensburg 2016

Hinweis: Unsere Werke sind stets bemüht, Sie nach bestem Wissen zu informieren. Alle Angaben in diesem Werk sind sorgfältig zusammengetragen und geprüft. Durch Neuerungen in der Gesetzgebung, Rechtsprechung sowie durch den Zeitablauf ergeben sich zwangsläufig Änderungen. Bitte haben Sie deshalb Verständnis dafür, dass wir für die Vollständigkeit und Richtigkeit des Inhalts keine Haftung übernehmen.

Bearbeitungsstand: August 2016

Satz: Fotosatz Buck, 84036 Kumhausen
Produktion: Walhalla Fachverlag, 93042 Regensburg
Umschlaggestaltung: grubergrafik, Augsburg
Printed in Germany
ISBN 978-3-8029-3237-3

FSB-CPI-0916-50-0

Ihre Rechte als Wohnungseigentümer

Jeder, der eine Eigentumswohnung erwirbt, möchte möglichst unbehelligt darin leben. Dabei muss der Wohnungseigentümer aber bedenken, dass er nur eine Wohnung kauft und nicht das gesamte Anwesen.

Deshalb muss der Wohnungseigentümer für Kosten einstehen, die ihn nicht unmittelbar betreffen. Viele der anschließend beschriebenen Rechte und Pflichten werden verständlich, wenn man weiß, was alles zu einer Eigentumswohnung gehört. Beim Kauf erwirbt man Wohnungseigentum und hierzu gehört nicht nur die Wohnung selbst, sondern auch das gemeinschaftliche Eigentum. Für seine Wohnung ist der Wohnungseigentümer alleine zuständig; für die Unterhaltung, Wartung und Reparatur des Gemeinschaftseigentums aber die gesamte Eigentümergemeinschaft.

Im Gegenzug dazu muss der einzelne Wohnungseigentümer bei Eingriffen oder Veränderungen am Gemeinschaftseigentum die anderen Eigentümer auch fragen, wenn sich diese Teile innerhalb seiner Wohnung befinden (z. B. Tragwand zwischen Kinder- und Wohnzimmer).

Dabei kann es vorkommen, dass sich der Einzelne oft Mehrheitsentscheidungen der Eigentümerversammlung beugen muss. Trotzdem meine ich, dass der Kauf einer Eigentumswohnung der Anmietung vorzuziehen ist. Dem Eigentümer kann zum Beispiel nicht mehr gekündigt werden.

Auch wird das investierte Geld in der Regel wertbeständig angelegt und im Regelfall ist mit einer Wertsteigerung einer Immobilie zu rechnen.

Das Recht der Eigentumswohnung betrifft in der Zwischenzeit einen großen Teil unserer Bürgerinnen und Bürger. Irgendwann ist jeder mit Rechtsfragen befasst, die das Wohnen innerhalb seiner Eigentumswohnung angehen. Es muss dabei gar keinen Streit geben, oft möchte man einfach wissen, was denn dieser oder jener Begriff, der in einer Eigentümerversammlung auftaucht, bedeutet. Oft wissen die Eigentümer nicht, welche Rechte und welche Pflichten sie innerhalb der Eigentümergemeinschaft haben, oder sie haben völlig falsche Vorstellungen hiervon.

Insbesondere steigende Mieten führen zu der Überlegung, ob nicht doch lieber eine Eigentumswohnung gekauft werden soll, als eine teure Miete zu bezahlen. Dann muss man wissen, was einen erwartet.

Aufgabe dieses Leitfadens ist es, auch dem nicht rechtskundigen Benutzer verständlich zu machen, was die Fachausdrücke des Wohnungseigentumsrechts bedeuten und was man als Eigentümer zu beachten oder zu unterlassen hat, wenn man die geltenden Rechtsvorschriften befolgen will.

In diesem „ABC des Wohnungseigentums" sind die derzeit geltenden Gesetze samt ihren Ausführungsbestimmungen ebenso berücksichtigt wie Gerichtsentscheidungen, die für die Anwendung der Gesetze maßgeblich und wichtig sind.

Der Verfasser hat sich bemüht, so allgemein verständlich wie möglich zu formulieren, und alle in der täglichen Praxis wichtigen Begriffe in alphabetischer Reihenfolge zu erläutern. In zahlreichen Fällen macht dieses Verfahren einen Verweis auf andere Stichwörter nötig. Gewisse Wiederholungen des Inhalts sind deshalb unvermeidlich.

„Aus der Praxis für die Praxis" – von diesem Gedanken hat sich der Verfasser leiten lassen. Deshalb würden sich Verlag und Verfasser über Anregungen und auch Kritik, die die Erfahrungswerte unserer Leser widerspiegeln, freuen. Wir werden versuchen, so viel wie möglich bei der Arbeit an späteren Auflagen zu berücksichtigen. Leider ist es uns jedoch nicht möglich, Auskünfte und Beratungen im Einzelfall zu geben. In Fällen persönlicher Rechtsstreitigkeiten sollten Sie sich deshalb ggf. an einen Rechtsanwalt oder eine öffentliche Beratungsstelle wenden.

Karl-Friedrich Moersch
Rechtsanwalt und Fachanwalt
für Miet- und Wohnungseigentumsrecht

Schnellübersicht

Schnellübersicht

Schnellübersicht

Schnellübersicht

Abkürzungen

Abs.	Absatz
AG	Amtsgericht
Art.	Artikel
AWO	Arbeiterwohlfahrt
Az.	Aktenzeichen
BauGB	Baugesetzbuch
BauNVO	Baunutzungsverordnung
BayObLG	Bayerisches Oberstes Landesgericht
BGB	Bürgerliches Gesetzbuch
BGBl.	Bundesgesetzblatt
BGG	Gesetz zur Gleichstellung behinderter Menschen
BGH	Bundesgerichtshof
BGHZ	Entscheidungen des Bundesgerichtshofs in Zivilsachen
BetrKVO	Betriebskostenverordnung
BVerwG	Bundesverwaltungsgericht
BVO	Beihilfenverordnung
DB	Der Betrieb
DNR	Dauernutzungsrecht
DWE	Der Wohnungseigentümer
DWR	Dauerwohnrecht
DWW	Deutsche Wohnungswirtschaft
ErbbauVO	Erbbaurechtsverordnung
f./ff.	folgende/fortfolgende
FamFG	Gesetz über das Verfahren in Familiensachen und in den Angelegenheiten der freiwilligen Gerichtsbarkeit
FGG	Gesetz über die Angelegenheiten der freiwilligen Gerichtsbarkeit
GbR	Gesellschaft bürgerlichen Rechts
GBO	Grundbuchordnung
GG	Grundgesetz
GKG	Gerichtskostengesetz
GSiS	Gesetz über eine bedarfsorientierte Grundsicherung im Alter und bei Erwerbsminderung
GVG	Gerichtsverfassungsgesetz
HeimG	Heimgesetz

HeizkVO	Heizkostenverordnung
KG	Kammergericht
KG	Kommanditgesellschaft
LG	Landgericht
LPartG	Gesetz über die Eingetragene Lebenspartnerschaft
MDR	Monatsschrift für Deutsches Recht
MEA	Miteigentumsanteile
MietR	Mietrecht
NJW-RR	Rechtsprechungsreport der NJW
NJW	Neue Juristische Wochenschrift
Nr.	Nummer
NZM	Neue Zeitschrift für Miet- und Wohnungsrecht
OHG	Offene Handelsgesellschaft
OLG	Oberlandesgericht
OLGZ	Entscheidungen der Oberlandesgerichte in Zivilsachen
PKH	Prozesskostenhilfe
qm	Quadratmeter
Rn.	Randnummer
RVG	Rechtsanwaltsvergütungsgesetz
SchlHA	Schleswig-Holsteinische Anzeigen
SGB II	Sozialgesetzbuch II
SGB XII	Sozialgesetzbuch XII
TOP	Tagesordnungspunkt
vgl.	vergleiche
VOB/A	VOB Teil A
VOB/B	VOB Teil B
WEG	Wohnungseigentumsgesetz
WEM	Wohnungseigentümer-Magazin
WoBindG	Wohnbindungsgesetz
WoFG	Wohnraumförderungsgesetz
WoGG	Wohngeldgesetz
WuM	Wohnungswirtschaft und Mietrecht
ZfIR	Zeitschrift für Immobilienrecht
ZMR	Zeitschrift für Mietrecht
ZPO	Zivilprozessordnung
ZVG	Zwangsversteigerungsgesetz

Abgeschlossenheit

§ 3 Abs. 2 WEG sieht vor, dass → Sondereigentum nur eingeräumt werden soll, wenn die Wohnungen oder sonstigen Räume in sich abgeschlossen sind.

Das Gesetz schreibt damit nicht zwingend vor, dass Sondereigentum nur nach Vorlage einer Abgeschlossenheitsbescheinigung begründet werden kann; es heißt dort nämlich nur „soll".

Allerdings sieht die Praxis so aus, dass das Grundbuchamt die Teilung nicht vornimmt, solange die Abgeschlossenheitsbescheinigung der Baubehörde nicht eingereicht ist. Gesetzliche Grundlage hierfür ist § 7 Abs. 4 Nr. 2 WEG, wonach der Eintragungsbewilligung als Anlage unter anderem der → Aufteilungsplan und die Abgeschlossenheitsbescheinigung der Baubehörde beizufügen sind. Die Abgeschlossenheitsbescheinigung kann auch von einem Sachverständigen für Bauwesen ausgestellt werden, sofern die jeweilige Landesregierung der einzelnen Bundesländer eine entsprechende Verordnung erlassen hat (§ 7 Abs. 4 Nr. 3 WEG).

In der allgemeinen Verwaltungsvorschrift für die Ausstellung von Bescheinigungen gemäß § 7 Abs. 4 Nr. 2 und § 32 Abs. 2 Nr. 2 WEG sind die Voraussetzungen für die Erteilung einer Abgeschlossenheitsbescheinigung festgelegt. Danach müssen abgeschlossene Wohnungen baulich vollkommen von fremden Wohnungen getrennt sein: „(...) zum Beispiel durch Decken und Wände, die den Anforderungen der Bauaufsichtsbehörden (Baupolizei) an Wohnungstrennwände und Wohnungstrenndecken entsprechen und einen eigenen abschließenden Zugang unmittelbar vom Freien, von einem Treppenhaus oder einem Vorraum haben. Zu abgeschlossenen Wohnungen können zusätzlich Räume außerhalb des Wohnungsabschlusses gehören. Wasserversorgung, Ausguss und WC müssen innerhalb der Wohnung liegen."

Die zusätzlichen Räume wie Dachboden oder Kellerräume, die sich außerhalb der Wohnung befinden, müssen verschließbar sein.

Für Räume, die nicht Wohnzwecken dienen, gelten die vorgenannten Erfordernisse sinngemäß.

In den letzten Jahren haben sich die Baubehörden bei der Erteilung der Abgeschlossenheitsbescheinigung insbesondere bei Altbauten immer zurückhaltend gezeigt, um damit der spekulativen Umwandlung von Miet- in Eigentumswohnungen vorzubeugen. Die Rechtsprechung hat diese Haltung im Wesentlichen bestätigt, wonach die Bescheinigung nur bei Altbauten zu erteilen ist, die den heutigen bautechnischen Anforderungen an Schall-, Wärme- und Feuerschutz genügen.

Der Gesetzgeber versucht über das „Gesetz über eine Sozialklausel in Gebieten mit gefährdeter Wohnungsversorgung", im BGB in § 577a (Kündigungsbeschränkung bei Wohnungsumwandlung) integriert, dieser Entwicklung entgegenzuwirken. Der Erwerber einer Eigentumswohnung kann den Mieter nur nach Ablauf einer Mindestsperrfrist von drei Jahren kündigen (→ Umwandlung). Die Sperrfrist kann bis zu zehn Jahre betragen.

Der Gesetzgeber macht von dem Grundsatz der Abgeschlossenheit nur hinsichtlich Garagenstellplätzen eine Ausnahme, indem diese nach § 3 Abs. 2 Satz 2 WEG als abgeschlossene Räume gelten, „wenn ihre Flächen durch dauerhafte Markierungen ersichtlich" sind.

Ein einfacher Farbanstrich genügt dabei nicht, vielmehr muss es sich um eine sichtbare und stets rekonstruierbare bauliche oder zeichnerische Festlegung in der Garage gemäß Aufteilungsplan handeln. Überdies bezieht sich die Möglichkeit, Sondereigentum zu begründen, nur auf Stellplätze in Sammelgaragen.

An Freiflächenstellplätzen und Stellplätzen auf oder unter Hebebühnen können hingegen nur → Sondernutzungsrechte begründet werden.

Allstimmigkeit

Mit diesem sprachlich etwas verunglückten Begriff meint man im Rahmen des WEG-Rechts, dass alle Wohnungseigentümer einer Regelung zustimmen müssen, das heißt nicht nur diejenigen Wohnungseigentümer, die bei der → Eigentümerversammlung vertreten oder anwesend sind.

Im Gegensatz hierzu ist der Begriff „Einstimmigkeit" insofern missverständlich. Hier könnte man meinen, dass lediglich die Zustimmung derjenigen Wohnungseigentümer, die auf der Versammlung sind oder vertreten sind, erforderlich ist. Es wird selten Versammlungen geben, in der eine hundertprozentige Anwesenheit gegeben ist. Zur Unterscheidung wird daher von „Allstimmigkeit" gesprochen.

Amtsgericht

Nach Maßgabe von § 43 Nr. 1 bis 4 WEG i. V. m. § 23 GVG ist immer das Amtsgericht örtlich und sachlich ausschließlich zuständig, in dessen Bezirk das betroffene Objekt der Wohnungseigentumsanlage liegt; und zwar unabhängig davon, ob der Gegenstandswert unter bzw. über 5.000 Euro liegt.

Nur wenn die Eigentümergemeinschaft als Beklagte in → Passivprozessen in Anspruch genommen wird, zum Beispiel weil sie eine Handwerkerrechnung nicht bezahlt hat und diese über 5.000 Euro liegt, wäre das Landgericht zuständig.

In Binnenrechtsstreitigkeiten ist immer das Amtsgericht als unterste Instanz zuständig, auch bei Streitigkeiten der Wohnungseigentümer untereinander wegen Beschädigung von Sondereigentum (BGH vom 17.03.2016, Az. V ZR 185/15).

Anfechtung

Beschlüsse einer → Eigentümerversammlung können angefochten werden. Außer den gemäß § 46 WEG anfechtbaren Beschlüssen gibt es aber auch → nichtige Beschlüsse (z. B. BGH vom 20.09.2000, Az. V ZB 58/99). Die Anfechtung erfolgt durch eine Anfechtungsklage.

Ein nichtiger Beschluss bedarf grundsätzlich keiner Ungültigkeitserklärung durch ein Gericht, er ist von vornherein ungültig. Hingegen werden die anfechtbaren Beschlüsse erst mit der Rechtskraft der Ungültigkeitserklärung des Amtsgerichts rückwirkend ungültig, bis zur Rechtskraft gelten sie als wirksam. Bei nichtigen Beschlüssen wird es ratsam sein, um eine Rechtsunsicherheit innerhalb der Gemeinschaft zu vermeiden, dass eine Feststellungsklage geführt wird (§ 10 Abs. 4 Satz 2 WEG).

Dabei ist davon auszugehen, dass § 23 Abs. 4 WEG („Im Übrigen ist ein Beschluss gültig, solange er nicht durch rechtskräftiges Urteil für ungültig erklärt ist.") klare Rechtsverhältnisse unter den Wohnungseigentümern schaffen will, so dass Mängel in der Beschlussfassung in der Regel nach dieser Vorschrift geltend zu machen sind, das heißt durch Erhebung einer Anfechtungs- oder Feststellungsklage.

Eine Anfechtung erfolgt folgendermaßen: Hält ein Wohnungseigentümer einen → Beschluss der Wohnungseigentümer für ungültig, hat er bei dem zuständigen → Amtsgericht eine Klage auf Ungültigkeitserklärung dieses Beschlusses zu stellen (§ 46 WEG). Zuständig ist das Amtsgericht, in dessen Bezirk das Grundstück liegt (§ 43 WEG). Die ausschließliche Zuständigkeit für „Binnenrechtsstreite" zwischen den Eigentümern liegt beim Amtsgericht (§ 43 WEG, § 23 Nr. 2c GVG), unabhängig vom Gegenstandswert.

Mit diesem Antrag auf Ungültigkeitserklärung sind beispielsweise geltend zu machen:

- Mängel beim Beschlussverfahren
- Verstöße gegen das Mehrheits- oder Einstimmigkeitserfordernis
- Nichtbeachtung der vereinbarten Form
- ungenaue Tagesordnung bei der Einladung
- Genehmigung fehlerhafter Jahresabrechnungen

Ein wichtiger Sonderfall ist, dass bei der Ablehnung eines Beschlussantrags grundsätzlich keine Ungültigkeitserklärung möglich ist, sondern nur ein unbefristeter Antrag nach § 21 Abs. 4 WEG auf ordnungsgemäße Verwaltung:

§ 21 Abs. 4 WEG

Jeder Wohnungseigentümer kann eine Verwaltung verlangen, die dem Interesse der Gesamtheit der Wohnungseigentümer nach billigem Ermessen entspricht.

Ein Beschluss, der mehrheitlich abgelehnt wurde, muss nicht für ungültig erklärt werden (→ Negativbeschluss).

Die Klagefrist beträgt einen Monat seit der Beschlussfassung in der Eigentümerversammlung (§ 46 WEG), wobei die Frist in jedem Fall mit der Beschlussfassung zu laufen beginnt (→ Anfechtungsfrist). Maßgebend ist der Tag des Versammlungsendes.

Die Anfechtungsklage muss innerhalb eines Monats erhoben werden, während der Klageantrag innerhalb von zwei Monaten begründet werden muss (§ 46 Abs. 1 Nr. 2 WEG). Falls sich aus der

Begründung der Hinweis ergibt, der Beschluss wäre nichtig, muss das Gericht von Amts wegen darauf hinweisen.

Wird ein angefochtener Beschluss schon vor der Entscheidung über die Anfechtung vollzogen, kann der Anfechtende einen Anspruch auf Folgenbeseitigung im Wege des Verfahrens nach § 935 ff. BGB (→ einstweilige Verfügung) haben, sofern die gesetzlichen Voraussetzungen gegeben sind.

Klagebefugt sind in erster Linie alle im → Grundbuch eingetragenen Wohnungseigentümer oder Teileigentümer. Der im Grundbuch durch Vormerkung gesicherte Erwerber einer bereits bestehenden Eigentümergemeinschaft hat kein eigenes Anfechtungsrecht. Besteht bei der Eigentumswohnung eine → Zwangsverwaltung oder ist ein Insolvenzverwalter tätig, sind auch der Zwangs- oder der Insolvenzverwalter klagebefugt.

Klagebefugt ist auch der Verwalter, wenn dieser zur Ausführung von rechtswidrigen Beschlüssen verpflichtet ist. Er hat deshalb ein schützenswertes Interesse daran, dass eine → ordnungsgemäße Verwaltung sichergestellt ist.

Kein Antragsrecht hat der → Verwaltungsbeirat als Organ und der Nießbraucher einer Eigentumswohnung (BGH vom 07.03.2002, Az. V ZB 24/01).

Anfechtungsfrist

Soll ein → Beschluss einer → Eigentümerversammlung für unwirksam erklärt werden, muss hiergegen gemäß § 46 WEG Anfechtungsklage erhoben werden (→ Anfechtung).

Nach Maßgabe von § 46 Abs. 1 Satz 2 WEG ist die Anfechtungsklage innerhalb eines Monats nach der Beschlussfassung zu erheben. Wird der Beschluss beispielsweise am 7. März gefasst, ist spätestens am 7. April (einen Monat später) die Anfechtungsklage beim → Amtsgericht zu erheben. Nur dann ist die Anfechtungsfrist gewahrt.

Die Anfechtungsklage ist dann gemäß § 46 Abs. 1 Satz 2 WEG innerhalb von zwei Monaten nach der Beschlussfassung zu begründen. Im vorgenannten Beispiel muss die Begründung am 7. Mai beim zuständigen Gericht eingehen. Diese Fristen können grundsätzlich nicht verlängert werden. Die → Anfechtungsklage wird grundsätzlich von den Gerichten als unzulässig zurückgewiesen, wenn die vom Gericht angeforderten Gerichtskosten nicht binnen 14 Tagen einbezahlt werden. Einzahlung heißt Kontogutschrift bei der Gerichtskasse. Hier hat sich eine sehr strenge Rechtsprechung entwickelt. Wird die Einzahlungsfrist versäumt, ist die Anfechtungsklage meistens nicht mehr zu retten.

Anfechtungsklage

Für eine Anfechtungsklage ist gemäß § 23 Nr. 2c GVG i. V. m. § 43 WEG – unabhängig vom Streitwert – ausschließlich das → Amtsgericht zuständig, in dessen Bezirk das betroffene Grundstück liegt.

Die Anfechtungsklage ist binnen der gesetzlichen Frist von einem Monat gemäß § 15a Abs. 2 Nr. 1 EGZPO zu erheben. Die einmonatige → Anfechtungsfrist soll sowohl den Wohnungseigentümern als auch den nach § 27 Abs. 1 Nr. 1 WEG zur Ausführung von Beschlüssen beauftragten Verwaltern Klarheit über die Bestandskraft eines Beschlusses verschaffen. Ist ein Wohnungseigentümer mit einem Beschluss nicht einverstanden, oder ist er der Meinung, dass dieser nicht ordnungsgemäßer Verwaltung entspricht, ist rechtzeitig Klage beim Amtsgericht zu erheben.

Anpassung an den Stand der Technik

Maßnahmen zur „Anpassung an den Stand der Technik" sind als Beschlusskompetenz in das WEG-Recht im Rahmen der WEG-Novelle eingeführt worden.

Nunmehr können die Wohnungseigentümer nach § 22 Abs. 2 WEG Maßnahmen mit → qualifizierter Mehrheit beschließen, wenn drei Viertel der Wohnungseigentümer zustimmen und diese mehr als 50 Prozent der Miteigentumsanteile besitzen.

Dementsprechend haben die Wohnungseigentümer auch nach § 16 Abs. 4 WEG die Kompetenz, über die Verteilung der Kosten derartiger Maßnahmen ebenfalls mit qualifizierter Mehrheit, abweichend vom gesetzlichen oder vereinbarten Kostenverteilerschlüssel, zu beschließen (→ Verteilungsschlüssel).

Bei Maßnahmen, die das → gemeinschaftliche Eigentum an den Stand der Technik anpassen, ist im Gegensatz zu den → modernisierenden Instandsetzungsmaßnahmen nicht erforderlich, dass ein Instandsetzungsbedarf überhaupt besteht.

Antennenanlage

Eine Antennenanlage, meist auf dem Dach eines Hauses installiert, dient dem Rundfunk- und Fernsehempfang.

In der Regel ist davon auszugehen, dass eine solche Gemeinschaftsantennenanlage zum → gemeinschaftlichen Eigentum gehört. Es spricht eine gesetzliche Vermutung für die Zugehörigkeit zum gemeinschaftlichen Eigentum auch für solche Bestandteile, die nicht ohne Zerstörung oder wenigstens Veränderung der Hauptsache beseitigt werden können. Es ist allgemein anerkannt, dass eine Gemeinschaftsantennenanlage zwingend dem Gemeinschaftseigentum zuzuordnen ist, wie das Gesamtleitungssystem für Ver- und Entsorgungsleitungen, Heizungsleitungen, Entlüftungsleitungen und Klimaanlagen, und zwar genau bis zu einem Punkt, an dem die Leitungen in das → Sondereigentum abzweigen.

Die Umstellung einer Gemeinschaftsantennenanlage auf einen Kabelanschluss an das → Breitbandkabel oder an ein digitales Netz ist als → Anpassung an den „Stand der Technik“ im Sinne von § 22 Abs. 2 WEG zu qualifizieren. Eine solche Maßnahme kann mit → qualifizierter Mehrheit (drei Viertel nach Köpfen, 50 Prozent nach Miteigentumsanteilen) beschlossen werden.

Aufhebung der Gemeinschaft

Grundsätzlich ist die → Wohnungseigentümergemeinschaft unauflöslich. Kein Wohnungseigentümer kann die Aufhebung der Gemeinschaft verlangen (§ 11 WEG). Das gilt auch für eine Aufhebung aus wichtigem Grund. Eine abweichende → Vereinbarung ist nur für den Fall zulässig, dass das Gebäude ganz oder teilweise zerstört wird und keine Verpflichtung zum Wiederaufbau besteht (§ 11 WEG). Wenn ein Wohnungseigentümer aus der Wohnungseigentümergemeinschaft ausscheiden will, bleibt ihm letztlich nur die Veräußerung seines Wohnungseigentums. Die Aufhebung des Wohnungseigentums kann auch nicht durch → Mehrheitsbeschluss bewirkt werden. Möglich ist allerdings, dass alle Wohnungseigentümer die Wohnungseigentümergemeinschaft durch Vereinbarung aufheben können. Das hat zur Folge, dass dann einfaches Miteigentum begründet wird oder die Aufhebung der Wohnungseigentümergemeinschaft gleichzeitig dessen → Umwandlung in Alleineigentum bedeuten kann (§ 4 WEG).

Ebenso wenig kann ein Pfändungsgläubiger sowie ein Insolvenzverwalter die Aufhebung der Gemeinschaft verlangen (§ 11 Abs. 2 WEG). Nach dieser Vorschrift ist die Pfändung eines Miteigentumsanteils durch den Gläubiger eines Wohnungseigentümers nicht möglich. Der Gläubiger kann nur nach den Vorschriften des Immobiliarrechts gemäß § 864 Abs. 2 ZPO vollstrecken.

Gehört die Eigentumswohnung zu einer Vermögensmasse, über die das Insolvenzverfahren eröffnet wurde, kann der Insolvenzverwalter das Wohnungseigentum freihändig veräußern oder durch → Zwangsversteigerung verwerten (§ 172 ff. ZVG). Ihm sind aber die Möglichkeiten verschlossen, den Anteil an den Rücklagen getrennt zur Insolvenzmasse zu ziehen und zu verwerten.

Aufteilungsplan

In § 7 WEG (Grundbuchvorschriften) wird unter anderem Folgendes normiert:

§ 7 WEG

Im Falle des § 3 Abs. 1 (vertragliche Einräumung von Sondereigentum) wird für jeden Miteigentumsanteil von Amts wegen ein besonderes Grundbuchblatt (Wohnungsgrundbuch, Teileigentumsgrundbuch) angelegt. Auf diesem ist das zu dem Miteigentumsanteil gehörende Sondereigentum und als Beschränkung des Miteigentums die Einräumung der zu den anderen Miteigentumsanteilen gehörenden Sondereigentumsrechte einzutragen. Der Eintragungsbewilligung sind als Anlagen beizufügen: (...) Eine von der Baubehörde mit Unterschrift und Siegel oder Stempel versehene Bauzeichnung, aus der die Aufteilung des Gebäudes sowie die Lage und Größe der im Sondereigentum und der im gemeinschaftlichen Eigentum stehenden Gebäudeteile ersichtlich ist (Aufteilungsplan); alle zu demselben Wohnungseigentum gehörenden Einzelräume sind mit der jeweils gleichen Nummer zu kennzeichnen; (...).

In Wohnungseigentumssachen hat der Aufteilungsplan, wie in § 7 WEG verlangt, die gleiche Funktion wie das amtliche Verzeichnis nach § 2 GBO für Grundstücke. Dort heißt es, dass die Grundstücke im → Grundbuch nach einem amtlichen Verzeichnis benannt werden, in dem sie unter Nummern oder Buchstaben aufgeführt sind (§ 2 Abs. 2 GBO).

Daraus ist zu entnehmen, dass sich aus dem Aufteilungsplan (Zeichnung) die interne Aufteilung des ganzen Gebäudes nach Größe und Lage des Gemeinschaftseigentums und → Sondereigentums ergeben muss. Eine bis ins kleinste Detail gehende Ausgestaltung des Plans ist nicht erforderlich. Der Aufteilungsplan muss jedenfalls so gestaltet sein, dass das Sondereigentum und das → gemeinschaftliche Eigentum mit der notwendigen Bestimmtheit voneinander getrennt werden können bzw. die Trennung für Außenstehende erkennbar ist. Auch muss dann die Lage des Gebäudes auf dem Grundstück angegeben werden, wenn nur dadurch die Trennung von Gemeinschafts- und Sondereigentum klar ersichtlich ist. Dabei ist zu beachten, dass zusammengehörige Räume farblich umrandet und angelegt werden und mit einer Nummer versehen sind. Falls der Aufteilungsplan keine klaren Abgrenzungen hat bzw. größere Unklarheiten bestehen, kann die Gefahr bestehen, dass kein wirksames Wohnungseigentum begründet wurde.

Außergerichtliche Kosten

In wohnungseigentumsrechtlichen Verfahren sind die Regeln zur Führung eines Prozesses gemäß ZPO für anwendbar erklärt. Es gehört zu den wesentlichen Besonderheiten des zivilprozessualen Verfahrens, dass die unterliegende Partei die Kosten des Rechtsstreits zu tragen hat (§ 91 Abs. 1 ZPO). Danach sind dem Gegner nicht nur die Gerichtskosten zu erstatten, sondern auch die notwendigen außergerichtlichen Kosten. In der Regel handelt es sich dabei um Rechtsanwaltskosten, Fahrtkosten und Abwesenheitsgelder. Soweit die Parteien im Rechtsstreit teilweise obsiegen bzw. unterliegen, sind die Kosten gemäß § 92 Abs. 1 ZPO gegeneinander aufzuheben oder verhältnismäßig nach Quoten zu teilen. „Kostenaufhebung" bedeutet, dass jede Partei die Gerichtskosten zur Hälfte zu tragen hat und die außergerichtlich entstandenen (eigenen) Auslagen (außergerichtliche Kosten) selbst zu übernehmen sind. Üblicherweise wird vom Gericht eine Kostenaufhebung entschieden, wenn es keinen klaren Sieger oder Verlierer gibt.

Um den Besonderheiten des wohnungseigentumsrechtlichen Verfahrens Rechnung zu tragen, begrenzt die Vorschrift des § 50 WEG die Kostenerstattungspflicht in aller Regel auf die Gebühren nur eines Rechtsanwalts. Dort heißt es:

> **§ 50 WEG**
>
> Den Wohnungseigentümern sind als zur Zweck entsprechenden Rechtsverfolgung oder Rechtsverteidigung notwendige Kosten nur die Kosten eines bevollmächtigten Rechtsanwaltes zu erstatten, wenn nicht aus Gründen, die mit dem Gegenstand des Rechtsstreits zusammenhängen, eine Vertretung durch mehrere bevollmächtigte Rechtsanwälte geboten war.

Bereits nach bisheriger Rechtslage konnten dem → Verwalter Verfahrenskosten auferlegt werden, wenn er deren Anfall wegen Verletzung seiner Vertragspflichten zu vertreten hatte. Die Regelung in § 49 Abs. 2 WEG beinhaltet für den Verwalter eine Erleichterung, weil die Verfahrenskosten nur bei grobem Verschulden auferlegt werden können, insbesondere, wenn der Verwalter nicht Partei ist (Kläger/Beklagter). Ist er selbst Partei in einem Prozess im Rahmen einer wohnungseigentumsrechtlichen Auseinandersetzung, muss das Gericht in seiner Kostenentscheidung nach dem Obsiegen oder Unterliegen die entsprechenden Quoten aussprechen.

Bauliche Veränderungen

Unter baulichen Veränderungen wird in der Regel Folgendes verstanden: alle Maßnahmen, welche das architektonisch-ästhetische Bild des Gebäudes (optischer Eindruck) innen und außen sowie den Zustand der Gebäude, Anlagen und Einrichtungen verändern und dabei insbesondere die Stabilität, Sicherheit und Solidität des Gebäudes beeinträchtigen können.

Grundsätzlich wird das normiert in § 22 Abs. 1 WEG i. V. m. § 14 WEG. Legt man diese beiden Vorschriften zugrunde, liegen immer dann bauliche Veränderungen vor, die dann der Zustimmung aller Wohnungseigentümer bedürfen, wenn die entsprechenden Maßnahmen für die anderen Wohnungseigentümer einen Nachteil bedeuten, der über das bei einem geordneten Zusammenleben unvermeidliche Maß hinausgeht. Die baulichen Veränderungen sind streng zu unterscheiden von den Maßnahmen zur → Instandsetzung und → Instandhaltung sowie von Modernisierungsmaßnahmen (→ modernisierende Instandsetzung).

Beispielsweise der nachträgliche Anbau eines Balkons, wenn dadurch neben der optischen Beeinträchtigung des Gebäudes auch der Lichteinfall in einer darunter liegenden Nachbarwohnung beeinträchtigt wird, ist als Neuanlage und Neugestaltung eine bauliche Veränderung im Sinne des § 22 WEG.

Zu den baulichen Veränderungen gehören auch die Ersatzbeschaffungen für gemeinschaftliche Geräte und Einrichtungen, wenn damit eine Erneuerung verbunden ist. Beispiele sind der Ersatz einer Holztüre durch eine moderne Glastüre oder der Austausch eines herkömmlichen Türschließers durch eine elektrische Türschließanlage. Auch die Umwandlung und die Verlegung von Anlagen und Einrichtungen gehören zu der baulichen Veränderung. Als Beispiel sei hier die Umwandlung einer Grünfläche in einen Kfz-Abstellplatz genannt. Diese Maßnahmen müssen einstimmig von den Wohnungseigentümern beschlossen werden (→ Allstimmigkeit).

Gibt es nur einen → Mehrheitsbeschluss, können bauliche Veränderungen durchgeführt werden, wenn der → Beschluss nicht innerhalb der → Anfechtungsfrist von einem Wohnungseigentümer beim → Amtsgericht im Wege der Klage angefochten wird. Dann müsste das Gericht den Beschluss für unwirksam erklären.

Wird ein solcher Beschluss nicht angefochten, muss auch der Wohnungseigentümer, der dem Beschluss nicht zugestimmt hat, sich an den Kosten anteilmäßig beteiligen.

Ein Beschluss über die Genehmigung einer konkreten baulichen Veränderung ist auch dann nicht nichtig, wenn von einer baulichen Veränderung tatsächlich beeinträchtigte Wohnungseigentümer von der Mehrheit überstimmt wurden (BGH vom 02.09.2000, Az. V ZB 58/99).

Wird ein entsprechender Beschluss durch das Gericht aufgehoben, kann ein Anspruch auf Beseitigung von baulichen Veränderungen bestehen und wandelt sich um in einen Anspruch auf Wiederherstellung des früheren Zustands.

Im Unterschied zur bisherigen Rechtslage (vor 01.07.2007) sind bauliche Veränderungen jedoch stets der Beschlussfassung durch die Wohnungseigentümer unterstellt. Ziel des Gesetzgebers war es nämlich, zu verhindern, dass bauliche Veränderungen vorgenommen werden, die die Wohnungseigentümer vor vollendete Tatsachen stellen, ohne dass zuvor geprüft wurde, wen die Maßnahme im Sinne von § 14 Abs. 1 WEG nachteilig beeinträchtigt. Maßnahmen baulicher Veränderung bedürfen künftig einer entsprechenden Beschlussfassung durch die → Eigentümerversammlung.

Problematisch ist allerdings nach wie vor die Situation, wenn ein die bauliche Veränderung gestaltender Beschluss gefasst wurde, mit der Baumaßnahme unverzüglich begonnen wurde und noch vor Bestandskraft des Genehmigungsbeschlusses eine Anfechtungsklage von einem Wohnungseigentümer erhoben wird. Man wird in diesen Fällen unterscheiden müssen, ob es möglich ist, die Bauausführung noch rückgängig zu machen oder ob diese bereits fertig gestellt ist und ein Rückbau unzumutbar wäre. Gegebenenfalls muss die begonnene Baumaßnahme, bevor der Beschluss bestandskräftig ist, im Wege einer → einstweiligen Verfügung nach den § 935 ff. ZPO vorläufig gestoppt werden.

Im Fall einer „Nichtbeeinträchtigung" von Wohnungseigentümern bei baulichen Maßnahmen ist kein Beschluss erforderlich, zum Beispiel das Anbringen von Wäschetrockenstangen auf dem

Balkon, wenn diese nicht sichtbar sind oder die Schaffung eines Dachdurchbruchs und der Einbau eines Fensters durch den Eigentümer einer Dachgeschosswohnung, wenn kein konkreter Nachteil erkennbar ist, etwa ein von der Straße aus „nicht sichtbares" Dachflächenfenster.

Baumangel

Häufig wird Wohnungseigentum dadurch begründet, indem ein Bauträger eine Eigentumswohnanlage projektiert und die Eigentumswohnungen individuell an Interessenten verkauft. Der Bauträger ist ein Gewerbetreibender, der die Baumaßnahmen im eigenen Namen für eigene oder fremde Rechnungen vorbereitet und durchführt.

Die Leistungspflicht des Bauträgers besteht in der Pflicht zur Herstellung eines Bauwerks, das heißt zur Herstellung von Eigentumswohnungen. Meistens verpflichtet sich der Bauträger gegenüber den Erwerbern, die Bauleistung schlüsselfertig zu erbringen und das Bauwerk nach Fertigstellung an den Erwerber zu übergeben. Der Bauträgervertrag enthält werk- und werklieferungsvertragliche sowie kaufvertragliche Elemente und je nach den Umständen des Einzelfalls auch Bestandteile aus dem Auftrags- und Geschäftsbesorgungsrecht.

Leider ist immer wieder festzustellen, dass die erbrachte Bauleistung mangelhaft ist. Eine Werkleistung ist immer dann mangelhaft, wenn das Bauwerk „mit Fehlern behaftet ist, die den Wert oder die Tauglichkeit zu dem gewöhnlichen oder den nach dem Vertrag vorausgesetzten Gebrauch aufheben oder mindern" (§ 633 ff. BGB). Weiter ist ein Werk auch dann mangelhaft, wenn es nicht die „zugesicherten Eigenschaften" hat. Vom Fehler ist der Schaden zu unterscheiden. Die Folge eines Baumangels ist immer ein Schaden und schließt sich daran an.

Mängel am → Sondereigentum machen die Wohnungseigentümer regelmäßig bei der Übergabe oder bei der Abnahme der Eigentumswohnung oder später im Lauf der Gewährleistungsfrist selbst geltend. Die Gewährleistungsfrist beginnt ab Abnahme des Bauwerks, des Sondereigentums. Probleme ergeben sich insbesondere bei der Feststellung bzw. Geltendmachung von Mängeln am gemeinschaftlichen Eigentum, da alle Wohnungseigentümer betroffen sind.

Bei der Geltendmachung von Gewährleistungsansprüchen bei Mängeln am → gemeinschaftlichen Eigentum entstehen deshalb Probleme, weil sich die Ansprüche als Individualansprüche aus dem Kaufvertrag ergeben und eine individuelle Geltendmachung im Rahmen der gemeinschaftlichen Verwaltung des Gemeinschaftseigentums Schwierigkeiten bereitet.

Bei Mängeln am gemeinschaftlichen Eigentum ist die → Teilrechtsfähigkeit der Gemeinschaft im Außenverhältnis zu bedenken (§ 10 Abs. 6 Nr. 2 WEG). Danach ist die teilrechtsfähige Gemeinschaft Inhaberin der als Gemeinschaft gesetzlich begründeten oder rechtsgeschäftlich erworbenen Rechte und Pflichten. Gemeinschaftsbezogen sind daher im Außenverhältnis auch Mängelansprüche der Wohnungseigentümer aus Erwerbsgeschäften mit Bauträgern. In diesem Zusammenhang ist insbesondere der Schuldnerschutz (= Bauträger) zu berücksichtigen, da auch der Bauträger sich darauf berufen kann, sich nur mit der Wohnungseigentümergemeinschaft auseinanderzusetzen und nicht mit jedem einzelnen Wohnungseigentümer wegen Baumängeln am gemeinschaftlichen Eigentum.

Danach müssen die einzelnen Wohnungseigentümer im Rahmen einer → Eigentümerversammlung entscheiden, ob die Gemeinschaft Nachbesserung möchte oder einen Minderungsanspruch oder den kleinen Schadensersatz geltend machen will. Die Befugnis, Minderung oder kleinen Schadensersatz geltend zu machen, steht nur der Gemeinschaft der Wohnungseigentümer zu. Den großen Schadensersatz geltend zu machen, die Rückabwicklung des Kaufvertrags, stellt einen Individualanspruch dar, den jeder einzelne Wohnungseigentümer für sich nach Maßgabe seines Erwerbsvertrags geltend zu machen hat.

Die genannten Rechte (Nachbesserung/Minderung/kleiner Schadensersatz) und die Befugnisse, diese Rechte auszuüben, sind von der Gemeinschaft geltend zu machen (§ 10 Abs. 7 Nr. 2 und Nr. 3 WEG). Die Ansprüche können von allen Wohnungseigentümern gemeinschaftlich oder von einem oder mehreren ermächtigten Wohnungseigentümern geltend gemacht werden (§ 27

Abs. 3 Nr. 2 und Nr. 3 WEG; vgl. auch BGH vom 24.07.2015, Az. VZR 145/14).

Behindertengerechte Nutzung

§ 554a BGB regelt die „Barrierefreiheit“ als eine zulässige Modernisierung durch den Mieter (nicht Vermieter). Danach können Mieter von ihrem Vermieter (= vermietender Wohnungseigentümer) die Zustimmung zu einer → baulichen Veränderung verlangen, die für eine behindertengerechte Nutzung der Wohnung oder einen barrierefreien Zugang zur Wohnung erforderlich ist. Dabei kommen auch umfangreiche Baumaßnahmen in Betracht: Einbau eines Lifts im Treppenhaus, Verbreiterung von Türen, ein behindertengerechtes Bad, Haltegriffe, Notrufeinrichtungen und Rollstuhlrampen.

Voraussetzung für die Herstellung der Wohnung für eine behindertengerechte Nutzung ist, dass der Mieter ein berechtigtes Interesse an den baulichen Veränderungen hat. Das kann der Fall sein, wenn der Mieter selbst behindert ist oder wenn in der Wohnung behinderte Angehörige, Lebensgefährten oder Partner wohnen.

§ 554a BGB ist eine problematische Schnittstelle zwischen Wohnraummietrecht und Wohnungseigentumsrecht. Der Vermieter kann die Zustimmung zu den erwünschten Veränderungen ausnahmsweise verweigern, wenn sein Interesse an einem unveränderten Zustand der Eigentumswohnung und des Umfelds schwerer wiegt. Dann muss im Zweifelsfall das Gericht eine Interessenabwägung durchführen. Hierbei kommt es auf die Art, Dauer und Schwere der Behinderung an und den Umfang und die Erforderlichkeit der baulichen Maßnahmen, die Dauer der Bauzeit sowie die Möglichkeit eines Rückbaus. Auch wird man fragen müssen, ob die Baumaßnahmen öffentlich-rechtlich genehmigungsfähig sind und inwieweit Mitmieter beeinträchtigt werden. Außerdem kann der Vermieter seine Zustimmung davon abhängig machen, dass der Mieter eine angemessene, zusätzliche Sicherheit leistet. Diese Sicherheit soll die voraussichtlichen Kosten für einen möglichen Rückbau abdecken. Mit der Sicherheitsleistung ist so umzugehen wie mit einer mietrechtlichen Kaution (§ 551 BGB).

Soweit die mietrechtliche Seite. Nunmehr zur wohnungseigentumsrechtlichen Seite:

Der Gesetzgeber ist bei § 554a BGB offenbar davon ausgegangen, dass der Vermieter Alleineigentümer nicht nur der Mietwohnung selber, sondern des gesamten Gebäudes ist. Probleme gibt es bei vermieteten Eigentumswohnungen: § 554a BGB gibt nur dem Mieter einen Anspruch gegen den Vermieter. Der Vermieter kann den Anspruch aber nur dann erfüllen, wenn er mit den anderen Wohnungseigentümern zusammenarbeitet, da die gewünschten Baumaßnahmen des Mieteres außerhalb der Wohnung fast immer als → bauliche Veränderungen des → gemeinschaftlichen Eigentums zu qualifizieren sind.

Sind die Voraussetzungen erfüllt, kann der Mieter vom Vermieter die Zustimmung in der Weise verlangen, dass der Vermieter auch alles unternehmen muss, um die übrigen Wohnungseigentümer zu deren Zustimmung zu bewegen, notfalls sogar gerichtlich durchzusetzen.

Die Problematik wird aus dem Rechtsverhältnis Vermieter/Mieter in das Verhältnis vermietender Eigentümer/übrige Wohnungseigentümer verschoben. Man wird wohl sagen müssen, dass der vermietende Wohnungseigentümer gegen die übrigen Wohnungseigentümer dann einen Anspruch auf Zustimmung zu baulichen Veränderungen (auch des → gemeinschaftlichen Eigentums) hat, wie wenn er die Wohnung selbst nutzen würde, hätte er ebenfalls einen Anspruch auf Zustimmung.

Beiladung

Richtet sich eine Klage eines Wohnungseigentümers, der in einem Rechtsstreit einen ihm allein zustehenden Anspruch geltend macht, nur gegen einen oder einzelne Wohnungseigentümer oder nur gegen den → Verwalter, sind die übrigen Wohnungseigentümer beizuladen (§ 48 WEG).

Auf die Beiladung kann vom Gericht verzichtet werden, wenn rechtliche Interessen anderer Wohnungseigentümer erkennbar nicht betroffen sind.

Die Beiladung selbst erfolgt durch Zustellung der Klageschrift. Die Beigeladenen können der einen oder anderen Partei zu deren Unterstützung beitreten (§ 48 Abs. 2 WEG).

Benutzungsordnung

Nach Maßgabe von § 15 WEG können die Wohnungseigentümer den Gebrauch des → Sondereigentums und des → gemeinschaftlichen Eigentums durch → Vereinbarung regeln. Dabei versteht man unter Gebrauch jede tatsächliche eigennützige Verwendung von Sonder- und Gemeinschaftseigentum.

Gebrauchsregelung ist die Koordination der Individualinteressen durch → Vereinbarung, durch → Mehrheitsbeschluss oder durch richterliche Anordnung im Rahmen eines rechtskräftigen Urteils.

Zu unterscheiden vom Gebrauch ist die Verwaltung. Die Verwaltung betrifft nur das gemeinschaftliche Eigentum und ist daher auf das Gemeinschaftsinteresse beschränkt. Der Regelung eines ordnungsgemäßen Gebrauchs stellt typischerweise die → Hausordnung dar.

Auch die Benutzungsordnungen für die Nutzung einer gemeinschaftlichen Waschküche, für die Öffnungszeiten eines Schwimmbads oder einer Sauna und für die Benutzung einer Garage können im Rahmen des § 15 WEG geregelt werden.

Ebenso die turnusmäßige Nutzung von Gemeinschaftsanlagen, wie gemeinschaftliche Trockner oder Waschmaschinen. Auch ist es möglich, eine Benutzungsregelung für einen gemeinschaftlichen Kinderspielplatz aufzustellen, oder Regelungen, wie häufig die Waschküche oder der Trockenboden benutzt werden dürfen und vor allem zu welcher Uhrzeit.

Berufung

Gegen erstinstanzliche Entscheidungen in Wohnungseigentumssachen kann unter den entsprechenden Voraussetzungen Berufung eingelegt werden. Der Beschwerdewert muss mindestens 600 Euro betragen (§ 511 Abs. 2 Nr. 1 ZPO).

Die Berufung ist innerhalb von einem Monat nach Zustellung der erstinstanzlichen Entscheidung einzulegen und innerhalb eines weiteren Monats zu begründen.

Zuständig für die Berufung gegen amtsgerichtliche Wohnungseigentumsentscheidungen ist das Landgericht.

In jedem Bundesland sind zentrale Berufsgerichte eingesetzt, die im Bezirk des jeweiligen Oberlandesgerichts liegen (z. B. das Landesgericht Stuttgart für den OLG-Bezirk Stuttgart).

Beschluss

Beschlüsse sind ein wichtiges Entscheidungskriterium, mit dem die → Wohnungseigentümergemeinschaften intern ihre eigenen Angelegenheiten regeln.

Beschlüsse haben die Wirkung, dass sie auch gegenüber Rechtsnachfolgern wirken, obwohl Beschlüsse nicht im → Grundbuch eingetragen sind. Zur Wirksamkeit bedürfen sie auch nicht der Eintragung in der → Beschluss-Sammlung. Beschlüsse sind so lange wirksam, wie sie nicht von einem Gericht aufgehoben und für unwirksam erklärt wurden (§ 23 Abs. 4 WEG). Etwas anderes gilt nur für → nichtige Beschlüsse. Diese können von vornherein keine Wirkung entfalten; ebenfalls → Nichtbeschlüsse oder → Negativbeschlüsse.

Beschlüsse können mehrheitlich oder mit → qualifizierter Mehrheit gefasst werden. Für → bauliche Veränderungen sind „allstimmige" Beschlüsse erforderlich (→ Allstimmigkeit).

Ist ein Wohnungseigentümer mit einer Beschlussfassung nicht einverstanden und hält er diese für unwirksam, muss er innerhalb eines Monats → Anfechtungsklage beim Amtsgericht erheben (→ Anfechtung).

Beschlussfähigkeit

§ 25 Abs. 3 WEG bestimmt, dass auf einer Versammlung der Wohnungseigentümer nur dann wirksam Beschlüsse gefasst werden können, wenn eine Beschlussfähigkeit gegeben ist. Die → Eigentümerversammlung kann nur dann Beschlüsse fassen, wenn „die erschienenen stimmberechtigten Wohnungseigentümer mehr als die Hälfte der Miteigentumsanteile, berechnet nach der im → Grundbuch eingetragenen Größe dieser Anteile" anwesend oder vertreten sind.

Verlassen Wohnungseigentümer eine Versammlung vorzeitig, kann es sein, dass die Beschlussfähigkeit für weitere Beschlüsse fehlt und die Versammlung keine Entscheidungen mehr treffen kann. Dann muss die Versammlung abgebrochen werden.

In einem solchen Fall oder wenn von vornherein keine ausreichende Anzahl von Miteigentumsanteilen „anwesend“ ist, kann der → Verwalter eine → Wiederholungsversammlung gemäß § 25 Abs. 4 WEG einberufen. Diese Versammlung ist dann ohne Rücksicht auf die Höhe der vertretenen Anteile beschlussfähig. In der Einladung zur Wiederholungsversammlung ist auf diesen Umstand unbedingt hinzuweisen.

Beschlusskompetenz

Der Gesetzgeber hat im Zuge der WEG-Novelle 2007 den Wohnungseigentümern einzeln und insgesamt mehr Möglichkeiten zur internen Willensbildung und zur internen Regelung ihrer Angelegenheiten gegeben.

Durch Beschlussfassung (= Mehrheitsmacht) können in einer Wohnungseigentümergemeinschaft nur solche Angelegenheiten geordnet (= geregelt) werden, über die nach dem Wohnungseigentümergesetz (= gesetzliche Beschlusskompetenz) oder nach einer → Vereinbarung (→ Öffnungsklausel) die Wohnungseigentümer durch Beschlüsse entscheiden dürfen, anderenfalls (= keine Beschlusskompetenz) bedarf es einer Vereinbarung. Ein ohne Beschlusskompetenz gefasster Beschluss ist nichtig.

So kann jetzt beispielsweise die gesetzliche oder vereinbarte Kostenverteilung durch → Mehrheitsbeschluss geändert werden. Weiter können die Kosten baulicher Maßnahmen sowie der → Instandhaltung und → Instandsetzung abweichend vom geltenden Kostenverteilungsschlüssel anders beschlossen werden.

Ein im Rahmen der Beschlusskompetenz getroffener, aber rechtswidriger Beschluss, ist nicht nichtig, sondern anfechtbar. Wird er nicht angefochten, gilt er. Für die Neuverteilung und Änderung von Kostenverteilerschlüsseln fehlt der Wohnungseigentümergemeinschaft die gesetzliche Beschlusskompetenz. Dies hat der BGH in seinem Urteil vom 01.04.2011 (Az. XI ZR 162/10) so entschieden.

Beschluss-Sammlung

Die WEG-Novelle hat die unter dem Begriff „Beschluss-Sammlung“ aufgeführte Dokumentation in § 24 Abs. 7 WEG völlig neu eingeführt und im Einzelnen geregelt.

Die Beschluss-Sammlung stellt lediglich eine Sammlung der → Beschlüsse und gerichtlichen Entscheidungen dar, ist jedoch keine Sammlung von Protokollen oder Sitzungsniederschriften.

Wie § 24 Abs. 8 WEG zum Ausdruck bringt, ist für die Beschluss-Sammlung in erster Linie der → Verwalter bzw. der → Versammlungsleiter verantwortlich.

Die Sammlung dient potenziellen Rechtsnachfolgern von Wohnungseigentümern zur Information. Insbesondere deshalb, weil Beschlüsse, anders als → Vereinbarungen, zu ihrer Wirkung gegen Rechtsnachfolger gemäß § 10 Abs. 4 WEG nicht im → Grundbuch eingetragen werden müssen. Die Beschlusslage der Wohnungseigentümerversammlung erschließt sich für Rechtsnachfolger ohne Kenntnis der Beschluss-Sammlung nicht ohne Weiteres.

Will sich der Erwerber einer Eigentumswohnung oder einer Teileigentumseinheit rechtlich absichern, muss dies in Form einer vertraglichen Klausel im Vertrag zwischen Veräußerer und Erwerber erfolgen. Der Verkäufer kann beispielsweise die Richtigkeit der Beschluss-Sammlung zusichern. Stellt sich diese Zusicherung später als falsch heraus, könnte er seinen Schadensersatzanspruch gegen den Verwalter an den Käufer abtreten und der Verwalter haftet.

Intern dient die Beschluss-Sammlung dem Informationsinteresse der Wohnungseigentümer und eventuell einem neuen Verwalter.

Führt der → Verwalter die Beschluss-Sammlung nicht ordnungsgemäß, stellt dies einen wichtigen Grund für die Abberufung des Verwalters dar (§ 26 Abs. 1 Satz 4 WEG).

Bestimmte Vorgaben hinsichtlich der Form der Beschluss-Sammlung, wie diese zu führen ist, wurden vom Gesetzgeber nicht gemacht. Diese ist natürlich möglich in schriftlicher Form, etwa als Akte, oder mittels elektronischer Hilfe in Form einer Computerdatei mit entsprechenden Ausdrucksmöglichkeiten.

Die Beschluss-Sammlung muss den Wortlaut sämtlicher Beschlüsse sowie gerichtliche Urteilsformeln aufnehmen. Organisations- und Geschäftsordnungsbeschlüsse bedürfen nicht der Eintragung in der Beschluss-Sammlung, da sie sich jeweils mit dem Ablauf der jeweiligen Versammlung erledigt haben.

Die Eintragungen in die Beschluss-Sammlung haben unverzüglich zu erfolgen. Der Gesetzgeber ist jedenfalls der Meinung, dass die

Eintragung in der Beschluss-Sammlung unmittelbar im Anschluss an die jeweilige Beschlussfassung zu erfolgen hat, spätestens am nächsten Tag. Die Eintragung einige Tage später wäre jedenfalls nicht mehr unverzüglich.

Bestandskraft

Im Rahmen von Wohnungseigentumsverfahren bzw. von Anfechtungen von Wohnungseigentümerbeschlüssen bedeutet der Begriff Bestandskraft, dass die → Anfechtungsfrist gegen die Beschlussfassung abgelaufen und der → Beschluss somit bestandskräftig ist. Ist die Rechtsmittelfrist gegen ein Urteil des Amtsgerichts abgelaufen oder gibt es kein Rechtsmittel mehr, spricht man in aller Regel von Rechtskraft des Beschlusses. Die Entscheidung ist unanfechtbar geworden. Ein prinzipiell anfechtbarer Beschluss, weil er nicht ordnungsgemäßer Verwaltung entspricht, wird nicht angefochten. Er ist dann bestandskräftig.

Betriebskosten

Dieser Begriff stammt eigentlich aus dem Mietrecht. Damit sind die zusätzlich zur Miete zu bezahlenden Nebenkosten gemeint. Unter dem vorgenannten Begriff werden im Rahmen von → Wohnungseigentümergemeinschaften auch die Nebenkosten bzw. die → Hausgelder tituliert.

Zur Abgrenzung gegenüber dem Mietrecht ist es sicherlich sinnvoll, hier von → Hausgeld (nicht von → Wohngeld, könnte mit öffentlichen Fördermittel verwechselt werden) zu sprechen.

Bindungswirkung von Eigentümerbeschlüssen

Wenn Eigentümerbeschlüsse nicht gegen zwingendes Gesetz verstoßen oder Anstand und gute Sitten verletzen oder die → Wohnungseigentümergemeinschaft nicht absolut unzuständig für eine Beschlussfassung ist, sind solche → Beschlüsse nicht nichtig, aber doch anfechtbar (§§ 10 Abs. 4 Nr. 2, 46 WEG).

Diese Beschlüsse erlangen dann → Bestandskraft, wenn nach Ablauf eines Monats seit Beschlussfassung keine → Anfechtung erfolgt.

Durch die Bestandskraft wird auch erreicht, dass die Beschlüsse verbindlich gegenüber den Sonderrechtsnachfolgern wirken.

Eine Eintragung der Beschlüsse ins → Grundbuch erfolgt nicht, dies ergibt sich indirekt aus § 10 Abs. 3 WEG und aus § 10 Abs. 4 Nr. 1 WEG. Dabei ist zu beachten, dass wohnungseigentumsgerichtliche Entscheidungen nach § 43 WEG ebenso wenig im Grundbuch eingetragen werden.

Dies müssen Wohnungskäufer, Erben, Beschenkte oder Ersteher von Eigentumswohnungen in Zwangsversteigerungssachen bedenken. Die Beschlüsse, sofern sie nicht angefochten und nicht nichtig sind, haben auch für die Rechtsnachfolger bindende Wirkung, unabhängig davon, ob sie ihm bekannt sind oder nicht.

Selbstverständlich ist auch, dass der Wohnungseigentümer, der bei → Mehrheitsbeschlüssen unterlegen ist, die Beschlüsse zu akzeptieren hat (man spricht hier von Mehrheitsmacht). Die Bindungswirkung der Mehrheitsbeschlüsse gilt auch innerhalb der → Wohnungseigentümergemeinschaft.

Breitbandkabel

Bei den Kosten für die Nutzung des Kabelanschlusses handelt es sich nicht um Kosten des Gebrauchs des → gemeinschaftlichen Eigentums, sondern um solche, die allein durch die Nutzung im Bereich des → Sondereigentums anfallen (BGH vom 25.09.2003, Az. V ZB 21/03 für Kaltwasser).

Der allgemeine Kostenverteilungsschlüssel der → Teilungserklärung oder der → Gemeinschaftsordnung kann demnach für die Kabelnutzungsentgelte nicht herangezogen werden.

Will eine → Wohnungseigentümergemeinschaft nunmehr den Rundfunk- und Fernsehempfang über ein Breitbandkabel als Maßnahme einer Modernisierung neu schaffen (§ 22 Abs. 2 WEG), kann die Verteilung derartiger Modernisierungsmaßnahmen allgemein und primär nach dem gesetzlichen oder vereinbarten Kostenverteilungsschlüssel erfolgen. § 16 Abs. 4 WEG ermöglicht aber den Wohnungseigentümern, durch einen Beschluss mit → qualifizierter Mehrheit abweichende Regelungen zu treffen.

Bundesgerichtshof

Der Bundesgerichtshof (BGH) ist das oberste Gericht in Zivilsachen.

Möchte ein Berufungsgericht oder ein Gericht in einer Revisionssache von der Entscheidung eines anderen Gerichts in einer gleich gelagerten Angelegenheit abweichen, wäre eine Revision zum Bundesgerichtshof zuzulassen.

Nach Maßgabe der Übergangsvorschrift von § 62 Abs. 2 WEG war es – zur Entlastung des BGH – nicht möglich, eine Nichtzulassungsbeschwerde gegen die letztinstanzlichen Entscheidungen zum BGH zu erheben. Diese Beschränkung ist zum 31.12.2015 ausgelaufen. Die Regelung dieser Übergangsvorschrift hat der BGH mit Entscheidung vom 17.03.2016 (Az. V ZR 185/15) bestätigt.

Sind aktuell die Voraussetzungen für eine Nichtzulassungsbeschwerde gegeben, kommt es jetzt nur noch auf die Begründetheit an.

Dauerwohnrecht

Das Dauerwohnrecht (§ 31 ff. WEG) ist ein vererbliches, veräußerliches Recht zum Bewohnen einer Wohnung. Von Dauernutzungsrecht spricht das Gesetz, wenn sich das Recht zur Nutzung auf nicht zu Wohnzwecken dienende Räume in einem Gebäude bezieht. Ansonsten bestehen keine Unterschiede zwischen Dauerwohn- und Dauernutzungsrecht. Die Bestellung des Dauerwohnrechts erfolgt durch Einigung und Eintragung in das → Grundbuch, wobei dieses nur bestellt werden soll, wenn die Wohnung in sich abgeschlossen ist. Das Dauerwohnrecht kann zeitlich beschränkt bestellt werden, jedoch auch unbefristet, es ist dann vererblich und veräußerlich.

Es ist jedoch kein echtes Eigentum und kann auch nicht wie das → Wohnungseigentum mit Hypotheken und Grundpfandrechten belastet, sondern nur verpfändet, aber auch gepfändet werden. Des Weiteren steht dem Dauerwohnberechtigten kein Recht auf Veränderung am Gebäude und auch nicht an seinen Wohnungsräumen zu.

Ohne entsprechende → Vereinbarung hat der Dauerwohnberechtigte keine Steuern und sonstige öffentliche Lasten des Grundstücks zu tragen; dies kann jedoch Gegenstand der Vereinbarung zwischen Dauerwohnberechtigten und Wohnungseigentümern werden.

Grundsätzlich bleibt dabei jedoch der Wohnungseigentümer Steuerschuldner.

Ebenso unterscheidet sich das dingliche Dauerwohnrecht von dem schuldrechtlichen Mietverhältnis. Im Gegensatz zu diesem kann das Dauerwohnrecht nicht gekündigt werden. Als Inhalt des Dauerwohnrechts kann jedoch ein „Heimfallanspruch" vereinbart werden, der beim Eintritt eines wichtigen Grundes zur Rückübertragung des Dauerwohnrechts auf den Wohnungseigentümer bzw. einen von diesem zu bezeichnenden Dritten verpflichtet.

Das Dauerwohnrecht findet vor allem Anwendung im gemeinnützigen Baugenossenschaftsbereich, wo für die Sicherung von Baukostenzuschüssen ein Wohnentgelt vereinbart wird, welches sich mit der Tilgung der Finanzierungslasten entsprechend verringert.

Daneben gibt es weitere Gründe für die Bestellung eines Dauerwohnrechts. Hauptanwendungsfall dürfte hier die Teilung einer Erbengemeinschaft sein, wo den einzelnen Beteiligten mit einem Wohnrecht ausreichend gedient sein kann.

In der Praxis hat sich das zeitlich unbegrenzte Dauerwohnrecht kaum gegenüber dem Wohnungseigentum durchgesetzt, da es diesem gegenüber keine spezifischen Vorteile besitzt. Im Gegenteil: Das Wohnungseigentum stellt das wirtschaftlich und juristisch einwandfreiere Wertobjekt dar. Entscheidend dürfte schließlich sein, dass die Kreditinstitute nur zur Einzelbelastung des Wohnungseigentums bereit sind. Damit ist aber dem Dauerwohnrecht sein eigentlicher wirtschaftlicher Boden entzogen.

Ehewohnung

Immer, wenn sich Ehegatten anlässlich eines Scheidungsverfahrens und anlässlich einer Trennung nicht darüber einigen können, wer von den beiden Ehegatten zukünftig die Ehewohnung bewohnen darf, muss der Familienrichter den Streit schlichten und die Ehewohnung einer Partei zuweisen. Solche Streitigkeiten, die gerade im Zusammenhang mit dem Wohnungseigentum eine Rolle spielen, können auf Antrag eines Ehegatten durch den Familienrichter geregelt werden.

Insbesondere kann der zuständige Familienrichter die Rechtsverhältnisse an der Wohnung nach billigem Ermessen gestalten. Der Richter hat dabei alle Umstände des Einzelfalls, insbesondere das Wohl der Kinder und die Erfordernisse des Gemeinschaftslebens zu berücksichtigen.

Geregelt ist das in § 1568a BGB, der die bisher geltende Hausratsverordnung mit der Folge, dass bei Streitigkeiten zwischen den Eheleuten, wer künftig die „Ehewohnung" nutzen darf, ausschließlich das Familiengericht zuständig ist (§ 23b Abs. 1 GVG; §§ 111 Nr. 5, 200 Abs. 1 Nr. 2, 201 Nr. 1 FamFG), ersetzt. Das gilt nicht nur dann, wenn die Wohnung von den streitenden Eheleuten angemietet wurde, sondern auch, wenn beide oder einer der Ehegatten (Mit-)Eigentümer der Räume, das heißt Mitglied der → Wohnungseigentümergemeinschaft ist.

Der Familienrichter kann unter anderem bestimmen, dass ein Ehegatte in der Wohnung verbleiben darf und der andere Ehegatte die Eigentumswohnung zu räumen hat. Falls die Eigentumswohnung jeweils im hälftigen Miteigentum steht, muss der verbleibende Ehegatte dem räumenden Ehegatten unter bestimmten Umständen eine Nutzungsentschädigung bezahlen. Außerdem sind möglicherweise Regelungen über die Finanzierung der Wohnung bzw. die Frage zu treffen, wer die auf der Wohnung lastenden Verbindlichkeiten bezahlt. In der Regel wird der Familienrichter demjenigen Ehegatten die Wohnung zur alleinigen Nutzung überlassen, der auch das Sorgerecht für die Kinder erhält. Die Probleme sind eher im familienrechtlichen Bereich angesiedelt und weniger im Bereich des Rechts der Eigentumswohnungen, wie zum Beispiel auch § 1361b BGB („Ehewohnung bei Getrenntleben") zeigt.

Eigentümerpflichten

Der Wohnungseigentümer hat die in seinem → Sondereigentum stehenden Gebäudeteile so instand zu halten und von diesen sowie von dem → gemeinschaftlichen Eigentum nur in solcher Weise Gebrauch zu machen, dass dadurch keinem der anderen Wohnungseigentümer über das bei einem geordneten Zusammenleben unvermeidliche Maß hinaus ein Nachteil erwächst. Diese Pflichten des Eigentümers sind in § 14 WEG aufgeführt und begrenzen gleichzeitig die Befugnisse des Eigentümers gemäß § 13 WEG, falls keine → Gebrauchsregelungen nach § 15 WEG bestehen.

Dabei versteht man unter dem Begriff „Nachteil" jede nicht ganz unerhebliche Beeinträchtigung aus der Sicht eines verständigen Wohnungseigentümers. Wann ein Nachteil besteht, kann anhand der nachbarrechtlichen Vorschriften der einzelnen Bundesländer konkretisiert werden.

Aus § 14 Nr. 1 WEG folgt auch die Pflicht, die Nutzungsberechtigung der anderen Wohnungseigentümer nicht in der Benutzung zu stören.

Eine zulässige Nutzung im Sinne von § 14 Nr. 1 WEG ist beispielsweise der Betrieb eines Büros innerhalb einer Wohnungseigentumsanlage oder die Vermietung der Eigentumswohnung an Feriengäste (kann im Einzelfall zweifelhaft sein). Ebenso zulässig soll die maßvolle Haustierhaltung (→ Tierhaltung) sein und der Betrieb einer Krankengymnastikpraxis innerhalb einer Wohnung, wobei letzteres Beispiel eigentlich keine Schule machen sollte, da durch einen innerhalb der Wohnung ausgeübten Gewerbebetrieb der Charakter der Wohnanlage in gewisser Weise verändert wird. So darf zum Beispiel eine Fläche, die im → Aufteilungsplan als Laden bezeichnet ist, nicht als Gaststätte genutzt werden (BGH vom 10.07.2015, Az. V ZR 169/14).

Der Wohnungseigentümer verletzt seine Pflichten gemäß § 14 Nr. 1 WEG, wenn er innerhalb seiner Wohnung beispielsweise eine Kindertagesstätte oder ein Ballettstudio betreibt. Ebenso unzulässig ist der Betrieb eines Bordells, Sex-Shops oder Sex-Kinos. Die gewerbliche Nutzung darf bei generalisierender Betrachtungsweise nicht störender sein als eine normale Wohnnutzung.

§ 14 Nr. 2 WEG regelt die Pflichten des Wohnungseigentümers für Fälle, in denen der Wohnungseigentümer sein → Sondereigentum an andere Personen überlässt (z. B. solche, die seinem Hausstand oder Geschäftsbetrieb angehören). Allerdings besteht keine Haftung für Fremdverschulden.

Weiter ist jeder Wohnungseigentümer verpflichtet, Einwirkungen auf die im → Sondereigentum stehenden Gebäudeteile und das → gemeinschaftliche Eigentum zu dulden, soweit sie auf einem zulässigen Gebrauch beruhen (§ 14 Nr. 3 WEG).

Zu den Einwirkungen gehören auch die Eingriffe in die Sachsubstanz. Der Wohnungseigentümer hat gewisse Duldungspflichten zu tragen. Beispielsweise wenn ein Breitbandkabelanschluss (→ Breitbandkabel), eine Telefonleitung oder TV-Antenne (→ Antennenanlage) installiert wird.

Des Weiteren trifft den Wohnungseigentümer die Pflicht, das Betreten oder die Benutzung der im → Sondereigentum stehenden Gebäudeteile zu gestatten, soweit dies zur → Instandhaltung und → Instandsetzung des → gemeinschaftlichen Eigentums erforderlich ist.

Eventuell muss der Wohnungseigentümer gemäß § 14 Nr. 4 WEG auch Eingriffe in das → Sondereigentum dulden. Dieser Duldungsanspruch steht allerdings der → Gemeinschaft der Wohnungseigentümer zu. Die Haftung für dann entstandene Schäden ist unabhängig von einem Verschulden. Zu bedenken ist auch, dass der Wohnungseigentümer als Duldungspflichtiger den Schaden anteilig mittragen muss (§ 16 Abs. 4 WEG), allerdings könnte man bei solchen Maßnahmen durch → Beschluss den betroffenen Wohnungseigentümer, der Dreck und Staub der Maßnahme erdulden musste, von der Kostenbeteiligung nach § 16 Abs. 4 WEG ausnehmen, bei einer Drei-Viertel-Mehrheit nach Köpfen und 50 Prozent nach Miteigentumsanteilen (→ qualifizierte Mehrheit).

Eigentümerversammlung

Nach dem Gesetz steht die Verwaltung der gemeinschaftlichen Sachen allen Wohnungseigentümern zu, die hierüber in einer Eigentümerversammlung beschließen.

Ausnahmsweise ist ein → Beschluss auch ohne Eigentümerversammlung gültig, wenn alle Wohnungseigentümer ihre Zustimmung zu diesem Beschluss schriftlich erklärt haben (→ Schriftlicher Beschluss) und dieser ordnungsgemäß verkündet wurde.

Der Eigentümerversammlung vorausgehen muss eine wirksame Einberufung (§ 24 Abs. 4 WEG) mit der Festlegung des Versammlungsortes, der Versammlungszeit und der Bestimmung des Versammlungsgegenstands (→ Tagesordnung). Die Einberufung erfolgt schriftlich, ist aber auch in Textform (§ 126b BGB) möglich. Die Einberufungsfrist soll, sofern nicht ein Fall besonderer Dringlichkeit vorliegt, mindestens zwei Wochen betragen.

Die Versammlung soll mindestens einmal jährlich einberufen werden. Im Fall der Nichteinhaltung der Einberufungsfrist zu einer Eigentümerversammlung ist ein Beschluss der Eigentümer jedenfalls dann für ungültig zu erklären, wenn feststeht, dass er bei rechtzeitiger Einberufung so nicht zustande gekommen wäre.

Das Einberufungsrecht steht dem → Verwalter zu (§ 24 Abs. 1 WEG). Darüber hinaus muss die Versammlung auch dann einberufen werden, wenn dies schriftlich unter Angabe des Zwecks und der Gründe von mehr als einem Viertel der Wohnungseigentümer verlangt wird (§ 24 Abs. 2 WEG). Sollte sich der Verwalter weigern, die geforderte Versammlung einzuberufen, kann diese auch, falls ein → Verwaltungsbeirat bestellt ist, von dessen Vorsitzendem oder seinem Vertreter einberufen werden. Allerdings kann keine eigenmächtige Einberufung durch einen oder mehrere Wohnungseigentümer, wohl aber durch alle erfolgen.

Schließlich kann das → Amtsgericht auf Antrag der Wohnungseigentümer den → Verwalter zur Einberufung der Versammlung verpflichten.

Der Beschlussgegenstand (→ Tagesordnung) ist in der Einladung/Einberufung so konkret anzugeben, dass zumindest eine inhaltliche Vorbereitung möglich ist und die Folgen des Nichterscheinens erkennbar sind.

Der Versammlungszeitpunkt muss verkehrsüblich und zumutbar sein, zum Beispiel sonntags ab 11:00 Uhr. Der Versammlungsort sollte möglichst nahe der Wohnungsanlage sein, jedoch muss sich dieser nicht unbedingt im Bereich der Gemeinde befinden: Er soll verkehrsüblich und zumutbar sein und sich im näheren Umkreis der Wohnanlage befinden. Gleiches gilt, wenn die Mehrzahl der Wohnungseigentümer nicht in der Nähe der Anlage wohnhaft ist (OLG Köln, NZM 2006, 227).

Verstöße gegen eine ordnungsgemäße Einberufung führen nicht zur Unwirksamkeit der Beschlüsse, sondern nur zu deren Anfechtbarkeit. Eine Absage oder Verlegung der Eigentümerversammlung durch den Einberufenden ist möglich, jedoch sollte auch hier eine Einberufungsfrist von mindestens zwei Wochen eingehalten werden, falls nicht ein besonderer Fall von Dringlichkeit vorliegt. Den Vorsitz der Wohnungseigentümerversammlung führt der → Verwalter, falls die Eigentümer nichts anderes beschließen und einen anderen → Versammlungsleiter wählen.

Für einen derartigen Beschluss, der noch während der Versammlung zulässig ist, genügt die einfache Mehrheit (→ Mehrheitsbeschluss).

Wird beispielsweise ein Eigentümer nicht zur Versammlung geladen und nimmt er deshalb an ihr nicht teil, führt dies grundsätzlich auf → Anfechtung hin zur Ungültigkeit der Eigentümerbeschlüsse. Etwas anderes kann dann gelten, wenn feststeht, dass die Beschlüsse bei ordnungsgemäßer Ladung von allen Eigentümern ebenso gefasst worden wären. Eine Anfechtungsklage bleibt folgenlos, wenn feststeht, dass der → Beschluss auch ohne Ladungsmangel mit gleichem Inhalt zustande gekommen wäre. Das ist immer dann gegeben, wenn es klare Mehrheiten gibt, das heißt nicht auf jede Stimme ankommt.

An der Versammlung darf jeder Wohnungseigentümer oder sein stimmberechtigter Vertreter teilnehmen. Sofern vorgesehen ist, dass die Vertretungsvollmacht schriftlich zu erteilen ist, können als Vertreter auftretende Personen mangels Nachweis zurückgewiesen werden. Mieter, Angehörige oder Berater (ohne Vertretungsvollmacht) müssen ausgeschlossen werden (OLG Hamm, NJW-RR 1997, 846), da die Versammlung grundsätzlich nicht öffentlich ist. Über die in der Versammlung gefassten Beschlüsse muss eine → Niederschrift verfasst werden (§ 24 Abs. 6 WEG). Darüber hinaus muss die Niederschrift (→ Protokoll) die Eigentümergemeinschaft bezeichnen, den Ort und Tag der Versammlung, die Art der Versammlung sowie die anwesenden Mitwirkenden. Soweit nichts anderes in der → Gemeinschaftsordnung vorgesehen ist, wird jedoch kein Verhandlungsprotokoll verlangt, vielmehr genügt ein „Beschluss-" bzw. „Ergebnisprotokoll". Der Umfang und die Gestaltung des → Protokolls liegt weitgehend in der Ermessensentscheidung des → Verwalters, allerdings muss der Inhalt richtig sein.

Die → Niederschrift ist vom Versammlungsleitenden (Vorsitzenden) und einem Wohnungseigentümer und, falls ein → Verwaltungsbeirat bestellt ist, von dessen Vorsitzenden oder seinem Vertreter zu unterschreiben, natürlich nur, wenn das Protokoll richtig ist.

Unverzüglich nach dem Versammlungsende sind die gefassten → Beschlüsse vom → Verwalter (oder Vorsitzenden) in die → Beschluss-Sammlung (§ 24 Abs. 7 WEG) in einer bestimmten Form aufzunehmen.

Die Eigentümerversammlung entscheidet grundsätzlich durch → Mehrheitsbeschluss oder mit → qualifizierter Mehrheit (z. B. § 22 Abs. 2 WEG), wenn das Gesetz oder eine → Vereinbarung bzw. → Teilungserklärung nicht Einstimmigkeit verlangt. Jeder Wohnungseigentümer hat ohne Rücksicht auf die Größe seines Miteigentumsanteils und die Zahl seiner Eigentumsrechte nur eine Stimme (→ Kopfprinzip). Steht Mehreren ein Wohnungseigentum gemeinschaftlich zu, können sie das Stimmrecht nur einheitlich ausüben. Einer von mehreren Miteigentümern kann daher allein nur mit Vertretungsmacht der anderen seine Stimme abgeben. Geben Miteigentümer einer Eigentumswohnung unterschiedliche Stimmen ab, bedeutet dies Enthaltung (OLG Köln, NJW-RR 86, 698).

→ Beschlussfähigkeit liegt vor, wenn die erschienenen und/oder vertretenen Stimmberechtigten die Mehrheit aller im Grundbuch eingetragenen Miteigentumsanteile halten (KG Berlin, NJW-RR 1989, 17), das heißt mindestens 50,01 Prozent aller Miteigentumsanteile (MEA).

Für die Feststellung der → Beschlussfähigkeit ist der Zeitpunkt der jeweiligen Beschlussfassung maßgebend, so dass während der Versammlung Beschlussunfähigkeit mit sofortiger Wirkung eintreten kann (BayObLG, NJW-RR 1993, 206), wenn Eigentümer die Versammlung vorzeitig verlassen. Ist die Erstversammlung beschlussunfähig oder ist sie dies während ihres Verlaufs geworden, beruft der Verwalter eine → Wiederholungsversammlung mit dem gleichen Gegenstand ein (§ 25 Abs. 4 WEG). Diese ist dann ohne Rücksicht auf die Höhe der vertretenen Anteile stets beschlussfähig, worauf bei der Einberufung hinzuweisen ist. Die Wiederholungsversammlung sollte ein paar Tage später stattfinden.

In Angelegenheiten, die nur einen abgrenzbaren Teil von Wohnungseigentümern betreffen (Mehrhausanlagen), beschränkt sich das Stimmrecht auf die Beteiligten, die von der Angelegenheit betroffen sind. Geht es jedoch um finanzielle Folgen, die von sämtlichen Wohnungseigentümern anteilig zu tragen sind, oder um bauliche Maßnahmen, für die Einstimmigkeit erforderlich ist, fehlt es an der Entscheidungskompetenz einer einzelnen Hausgruppe.

Des Weiteren ist ein einzelner Wohnungseigentümer dann nicht stimmberechtigt, wenn durch seine eigene Betroffenheit eine Interessenkollision entstehen könnte (→ Stimmrechtsausschluss). Das ist dann der Fall, wenn die Beschlussfassung die Vornahme eines auf die Verwaltung des gemeinschaftlichen Eigentums bezüglichen Rechtsgeschäfts mit ihm oder die Einleitung oder Erledigung eines Rechtsstreits der anderen Wohnungseigentümer gegen ihn betrifft oder wenn er nach § 18 WEG (Wohnungsentziehung) rechtskräftig verurteilt ist. Das heißt jedoch nicht, dass bereits ein Wohnungseigentümer sein Stimmrecht verliert, wenn ihm das zu beschließende Geschäft Vorteile einbringt.

Voraussetzung ist allerdings, dass ein solches Geschäft nicht direkt mit ihm abgeschlossen wird, sondern dass er nur an den Vorteilen partizipiert, ohne direkt Vertragspartner zu sein: ein vom Stimmrecht ausgeschlossener Wohnungseigentümer kann auch nicht in Vollmacht anderer Wohnungseigentümer mitstimmen. Es bleibt beim Ausschluss.

Eigentümerwechsel

Wird eine vermietete Eigentumswohnung verkauft, tritt der Käufer, der neue Wohnungseigentümer, in den bestehenden

Mietvertrag mit allen Rechten und Pflichten ein (Kauf bricht nicht Miete, § 566 BGB).

Die Rechtsposition des Mieters soll sich durch die Veräußerung der Wohnung nicht verschlechtern. § 566 BGB stellt eine Durchbrechung des allgemeinen Grundsatzes dar, dass Rechte und Pflichten nur zwischen den am Schuldverhältnis beteiligten Personen entstehen. § 566 BGB schützt den Mieter und ist daher als „Mieterschutzbestimmung" zu verstehen.

Hat beispielsweise ein Miteigentümer von mehreren Miteigentümern (z. B. Erbengemeinschaft oder Ehegatten) eine Mietwohnung alleine, das heißt ohne seine anderen Miteigentümer des → Sondereigentums, vermietet oder verpachtet, ohne die Zustimmung der Anderen einzuholen, hilft dem Mieter in diesem Zusammenhang § 566 BGB. Der neue Eigentümer (Käufer/Erbe) kann sich nicht darauf berufen, dass im Zeitpunkt der Vermietung nicht alle Miteigentümer vermietet haben.

Der neue Eigentümer wird erst dann Teil der → Wohnungseigentümergemeinschaft, wenn er im → Grundbuch als Eigentümer eingetragen ist. Die Hausgeldabrechnung bzw. der genehmigende → Beschluss der → Jahresabrechnung wird für ihn erst ab diesem Zeitpunkt relevant. Beschlüsse, die vor der Eintragung des neuen Eigentümers gefasst wurden, gelten auch für ihn als Rechtsnachfolger des Voreigentümers. Vor unliebsamen Überraschungen kann er sich durch einen Blick in die → Beschluss-Sammlung schützen oder er lässt sich vom Veräußerer alle Versammlungsprotokolle zur Einsicht zeigen.

Einheitswert

Der Einheitswert einer Wohnung wird von den Finanzbehörden festgesetzt und dient als Grundlage für die Besteuerung des Wohnungseigentums. Sollte der jeweilige Wohnungseigentümer seinen Einheitswertbescheid vom Finanzamt nicht mehr besitzen, kann er jederzeit die Summe, die den Einheitswert ausmacht, beim zuständigen Finanzamt erfragen.

Der Einheitswert spielt im Rahmen der Entziehung des Wohnungseigentums eine gewisse Rolle. Nach § 18 Abs. 2 Nr. 2 WEG können die Wohnungseigentümer vom Hausgeldschuldner die Veräußerung seines Wohnungseigentums dann verlangen, wenn sich dieser mit der Erfüllung seiner Verpflichtung zur Lasten- und Kostentragung in Höhe eines Betrags, der 3 Prozent des Einheitswerts seines Wohnungseigentums übersteigt, länger als drei Monate im Verzug befindet. Der Hausgeldschuldner läuft Gefahr, seine Wohnung zu verlieren.

Einstweilige Verfügung

Gerichtliche Verfahren gehen in der Regel nicht so schnell, wie es sich die Parteien wünschen. Das liegt generell daran, dass die Zivilprozessordnung bestimmte Mindestfristen gewährt, um zu den streitigen Punkten Stellung nehmen zu können. In dringenden Fällen kann darauf aber nicht immer Rücksicht genommen werden; hier hilft ein summarisches Verfahren auch in WEG-Sachen, das wir aus der ZPO kennen, nämlich die „Einstweilige Verfügung", die vorläufig einen Rechtszustand regeln soll, damit keine endgültigen und nicht mehr abänderbaren Tatsachen oder Zustände geschaffen werden.

Hat beispielsweise eine → Wohnungseigentümergemeinschaft keinen → Verwalter bestellt – aus welchen Gründen auch immer –, kann über den Weg der einstweiligen Verfügung ein außenstehender Dritter, aber nur in dringenden Fällen, gemäß § 935 ff. ZPO für eine → Verwalterbestellung (früher: → Notverwalter) sorgen. Er braucht dann einen zeitintensiven Prozess nicht abzuwarten.

Einzelabrechnung

Aus der → Jahresabrechnung (§ 28 Abs. 3 WEG) hat der → Verwalter jeweils nach Ablauf eines Wirtschaftsjahres (meist das Kalenderjahr) nicht nur eine Gesamtabrechnung zu erstellen, sondern für jeden einzelnen Wohnungseigentümer eine individualisierbare Einzelabrechnung. Dabei ist die Einzelabrechnung der Teil einer Gesamtkostenabrechnung, der nach Maßgabe des jeweils unter den Wohnungseigentümern vereinbarten Kostenverteilungsschlüssels dem betreffenden Wohnungseigentümer angelastet wird.

Die Einzelabrechnung muss unter Zugrundelegung des Jahresabrechnungsergebnisses eine Aufstellung der Gesamtkosten, unterteilt in einzelne Kostenarten, enthalten. Zu jeder Kostenart muss der Kostenverteilungsschlüssel angegeben sein, außerdem die konkreten Zahlen für den jeweiligen Kostenanteil an den Gesamtkosten für jeden einzelnen Wohnungseigentümer. Jede Einzelabrechnung ist für jeden Wohnungseigentümer je nach der vereinbarten Kostenbeteiligung (Verteilungsschlüssel) unterschiedlich.

Nicht erforderlich und nicht zwingend vorgeschrieben ist, dass jeder Wohnungseigentümer Kenntnis von den Einzelabrechnungen der anderen Wohnungseigentümer erhält. Aus diesem Grund werden die Einzelabrechnungsergebnisse in aller Regel nur dem jeweils betreffenden Wohnungseigentümer zugeleitet. Grundsätzlich prüft das Gericht bei Anfechtungsklagen gegen die Genehmigung der Jahresabrechnung nicht, ob einzelne Einnahmen oder Ausgaben zu Recht erfolgt sind, sondern nur die „richtige Verteilung".

Unter gewissen Umständen kann das WEG-Gericht bei der → Anfechtung der Jahresgesamt- und Einzelabrechnung gezwungen sein, auch die „materielle Rechtslage" einzelner Abrechnungspositionen zu prüfen (KG Berlin, NZM 2006, 108). Rügt zum Beispiel ein Eigentümer, er werde mit einer Sonderbelastung überzogen, ist die Genehmigung der Abrechnungspositionen für „insoweit" ungültig zu erklären – oder auch nicht.

Energieausweis

Als (positive) Folge der Umsetzung einer Richtlinie der Europäischen Union über die Gesamtenergieeffizienz von Gebäuden ist seit Jahren der Energieausweis Pflicht. Dabei handelt es sich um ein vierseitiges Formular, das sowohl im Neubau als auch im Bestand verwendet wird. Es gibt zwei verschiedene Energieausweise, nämlich einen Bedarfsausweis und einen Verbrauchsausweis.

Im Energieausweis wird auf einer Skala von grün über gelb bis rot der Energiebedarf oder Energieverbrauch eines Gebäudes in Kilowattstunden pro Quadratmeter und Jahr angegeben.

Der Energieausweis ist dem Käufer eines mit einem Gebäude bebauten Grundstücks zugänglich zu machen, natürlich auch dem Käufer von Wohnungs- oder Teileigentum und dem Mieter einer Wohnung oder eines Gebäudes.

Das bedeutet, dass dem Kauf- oder Mietinteressenten während der Entscheidungsphase, ob er kaufen oder mieten will, die Einsichtnahme in den Energieausweis zu ermöglichen ist. Die Interessenten haben ein Recht auf Überlassung einer Kopie des Ausweises.

In einer Wohnungseigentümergemeinschaft sind die Kosten für die Beschaffung des Ausweises von der Gemeinschaft zu tragen.

Für Gebäude mit mindestens fünf Wohneinheiten besteht die Wahlfreiheit, ob sie einen Bedarfs- oder einen Verbrauchsausweis wollen. Diese Wahlfreiheit gilt auch für Gebäude für bis zu vier Einheiten, wenn der Bauantrag für das Gebäude nach dem 01.11.1977 gestellt wurde oder das Gebäude mindestens auf den Standard der Wärmeschutzverordnung modernisiert wurde. Andernfalls ist der Bedarfsausweis Pflicht. Die Ausweise sind zehn Jahre lang gültig.

Entlastung

Die „Entlastung" des → Verwalters stellt aus rechtlicher Sicht gesehen ein negatives Schuldanerkenntnis im Sinne von § 397 Abs. 2 BGB dar.

Die Folge der Entlastung des Verwalters in der → Eigentümerversammlung ist, dass die Tätigkeit des Verwalters für die Eigentümergemeinschaft insgesamt für das gesamte abgelaufene Jahr gebilligt wird. Der Verwalter braucht dann keine Schadenersatzansprüche der → Wohnungseigentümergemeinschaft zu fürchten. Zudem befreit die Entlastung den Verwalter von der Frist zur Abgabe weiterer Erklärungen über Vorgänge, die bei der Beschlussfassung bekannt waren oder hätten bekannt sein können.

Aus Sicht der Wohnungseigentümer ist bei der Abstimmung innerhalb der Jahresversammlung bezüglich des Tagesordnungspunktes „Entlastung" Vorsicht geboten. Die Zustimmung der Wohnungseigentümer zur → Jahresabrechnung bedeutet inhaltlich nämlich gleichzeitig die Entlastung des → Verwalters. Empfehlenswert ist daher, getrennte → Beschlüsse zu fassen, die Genehmigung der Einzel- und Gesamtabrechnung und separat die „Entlastung".

Dabei ist auch zu beachten, dass die Genehmigung der → Jahresabrechnung nicht notwendigerweise bedeutet, dass die gesamte

Tätigkeit des Verwalters gebilligt wird, sondern nur die, die im Zusammenhang mit der Jahresabrechnung besteht. Der Entlastungsbeschluss kann im Verfahren gemäß § 46 WEG innerhalb der gesetzlichen Frist angefochten werden (→ Anfechtung).

Das Gericht ist möglicherweise in die Lage versetzt, einen Entlastungsbeschluss für ungültig zu erklären, wenn die Entlastung nicht im Einklang mit den Grundsätzen einer → ordnungsgemäßen Verwaltung steht.

Entziehung des Wohnungseigentums

§ 18 WEG regelt in Absatz 1:

§ 18 WEG Abs. 1

Hat ein Wohnungseigentümer sich einer so schweren Verletzung der ihm gegenüber anderen Wohnungseigentümern obliegenden Verpflichtungen schuldig gemacht, dass diesen die Fortsetzung der Gemeinschaft mit ihm nicht mehr zugemutet werden kann, so können die anderen Wohnungseigentümer von ihm die Veräußerung seines Wohnungseigentums verlangen.

Erfüllt beispielsweise ein Wohnungseigentümer beharrlich seine Pflicht zur Kostentragung nicht, kann dies einen Grund zur Entziehung des Wohnungseigentums nach § 18 WEG darstellen. Dabei ist zu beachten, dass diese Ausschlussklage oder Entziehungsklage als Ultima Ratio anzusehen ist und nur in engen Grenzen anwendbar sein soll.

Dabei genügt es, dass der Wohnungseigentümer sich mit der Erfüllung seiner Verpflichtung zu Lasten- und Kostentragung in Höhe eines Betrags, der 3 Prozent des → Einheitswerts eines Wohnungseigentums übersteigt, länger als drei Monate in Verzug befindet (§ 18 Abs. 2 Nr. 2 WEG). Verschulden ist nicht vorausgesetzt. Es gilt § 276 BGB (Verantwortlichkeit des Schuldners) nach dem Motto: Geld hat man zu haben. Kann der Schuldner eine Geldschuld oder eine andere Leistungsverpflichtung wegen finanzieller Leistungsunfähigkeit nicht erfüllen, hat er die Nichterfüllung zugleich auch unabhängig von einem Verschulden zu vertreten („Prinzip unbeschränkter Vermögenshaftung“).

Wenn die Voraussetzungen des § 18 WEG gegeben sind, kann das Wohnungseigentumsentziehungsverfahren eingeleitet werden. In

§ 19 WEG ist geregelt, wie sich ein Urteil in einem solchen Verfahren auswirkt.

Der Wohnungseigentümer ist nun gezwungen, sein Eigentum zu verkaufen, indem das Objekt im Wege der → Zwangsversteigerung einem Erwerber zugeschlagen wird (§ 19 Abs. 1 WEG mit Verweis auf den „ersten Abschnitt des Gesetzes über die Zwangsversteigerung und Zwangsverwaltung").

Es ist praktisch einfacher, über die Hausgeldrückstände einen gerichtlichen Titel zu erwirken, mit dem dann im Wege der Zwangsvollstreckung nach Maßgabe des Zwangsversteigerungsgesetzes die → Zwangsversteigerung betrieben werden kann.

Dieser Weg ist in der Regel als praxisnäher und kostengünstiger. Er funktioniert allerdings dann nicht, wenn der „abgemahnte" Wohnungseigentümer seinen Zahlungsverpflichtungen nachkommt, wenn auch verspätet.

Bei permanenten Ruhestörungen – um ein Beispiel zu nennen –, die der Eigentümer trotz Abmahnung nicht unterlässt, bleibt nur die „Entziehungsklage" nach § 18 WEG, um den missliebigen Eigentümer „loszuwerden".

Ersatzzustellungsvertreter

Normalerweise ist der → Verwalter in gerichtlichen Verfahren „→ Zustellungsvertreter". Er nimmt gerichtliche Schriftstücke, die ihm übermittelt werden, für die Wohnungseigentümer entgegen und ist verpflichtet, alle Eigentümer davon zu unterrichten. Allerdings ist der → Verwalter kein tauglicher Vertreter für Zustellungen (§ 178 ZPO), wenn er selbst als Verwalter betroffen ist, da eine mögliche Interessenkollision vorliegt. Für diesen Fall muss die → Wohnungseigentümergemeinschaft einen „Ersatzzustellungsvertreter" im Sinne von § 45 Abs. 2 WEG bestellen. Der Ersatzzustellungsvertreter kann jede natürliche Person sein, sinnvollerweise ein Wohnungseigentümer; nicht gerade der Verwalter. Der Gewählte sollte selbst damit einverstanden und auch geeignet sein, die anderen Wohnungseigentümer entsprechend zu unterrichten.

Fällt der Ersatzzustellungsvertreter ebenfalls aus, benötigt die Gemeinschaft für ihn einen Stellvertreter („Vertreter"), der zusammen mit der Wahl des Ersatzzustellungsvertreters gleich mitbestellt werden sollte.

Ist die → Wohnungseigentümergemeinschaft diesen „Hausaufgaben" nicht nachgekommen, kann das Amtsgericht von sich aus einen Eigentümer mit der Funktion des Ersatzzustellungsvertreters betrauen.

Faktische Gemeinschaft

Bei einer → Wohnungseigentümergemeinschaft handelte es sich in der Vergangenheit um eine nicht rechtsfähige und nicht parteifähige beziehungsweise nicht beteiligungsfähige Bruchteilsgemeinschaft im Sinne von §§ 1008, 741 ff. BGB.

Diese Sichtweise hat sich seit der „Jahrhundertentscheidung" des BGH vom 02.06.2005 (Az. V ZB 32/05) geändert und der Gesetzgeber hat im Rahmen der WEG-Novelle unter Berücksichtigung der höchstrichterlichen Rechtsprechung die Eigentümergemeinschaft als (teil-)rechtsfähigen Verband (→ Teilrechtsfähigkeit) definiert, soweit der „Verband" bei der Verwaltung des gemeinschaftlichen Eigentums am Rechtsverkehr teilnimmt (§ 10 Abs. 6 WEG). Gegenüber Dritten im Außenverhältnis (und teilweise im „Binnenverhältnis") tritt die → Wohnungseigentümergemeinschaft als „Verband" (untechnisch) auf und nicht mehr als in einer Gemeinschaft zusammengeschlossene, einzelne Wohnungseigentümer.

Deshalb haben die Wohnungseigentümer gemeinsam (→ gemeinschaftliches Eigentum) aus dieser Stellung als Eigentümergemeinschaft als Verband gegenüber unbeteiligten Dritten beispielsweise eine → Verkehrssicherungspflicht (Winterdienst/Schneeräumen/ Absichern einer Baugrube). Selbstverständlich nur für das → gemeinschaftliche Eigentum, nicht für den Bereich des → Sondereigentums. Hier ist nach wie vor der einzelne Wohnungseigentümer verantwortlich.

Rechtlich entsteht die Eigentümergemeinschaft nach Maßgabe von §§ 3 und 4 WEG durch Vertrag. Die → Wohnungseigentümergemeinschaft oder Teileigentümergemeinschaft kann auch durch Teilung gemäß § 8 WEG entstehen, und zwar dann, wenn ein dinglich wirksamer Erwerb des ersten Wohnungseigentümers beziehungsweise Teileigentümers vom teilenden Eigentümer vollzogen ist.

Bedeutsam ist der Zeitraum, der vor dem eigentlichen Entstehen der Wohnungseigentümergemeinschaft liegt. Schon vor der eigentlichen rechtlichen Entstehung der Gemeinschaft sind die Vorschriften über das Innenverhältnis der Eigentümer (§§ 10 bis 29 WEG) anwendbar, sobald eine werdende, das heißt faktische

Gemeinschaft entstanden ist. Äußerer Anknüpfungspunkt für die juristische Annahme einer faktischen Gemeinschaft ist in der Inbesitznahme des → Wohnungseigentums bzw. → Teileigentums zu sehen, was aber noch nicht bedeutet, dass die Eigentumswohnung bezogen sein muss.

Bei einer Begründung des Wohnungseigentums oder Teileigentums gemäß § 8 WEG (Teilung durch den Eigentümer) genügt für die Annahme einer faktischen Gemeinschaft die Besitzergreifung durch den ersten Erwerber von dem teilenden Eigentümer. Weiter verlangt die Rechtsprechung für die Annahme einer faktischen Gemeinschaft, dass eine Sicherung der Ansprüche durch eine Vormerkung im → Grundbuch gegeben ist oder eine bindende Einigung bzw. Auflassung mit entsprechendem Eintragungsantrag des Erwerbers gegeben ist. Notwendig ist auch, dass bereits ein Wohnungsgrundbuch angelegt ist.

Von der faktischen Gemeinschaft ist die Position des faktischen Wohnungseigentümers (werdender Wohnungseigentümer) zu unterscheiden. Es handelt sich hierbei um einen Nichteigentümer. Ein solcher Erwerber, der beispielsweise eine Wohnung von einem Bauträger gekauft hat, hat noch keine eigenen Rechte und auch noch keine eigenen Pflichten, die aus dem Wohnungseigentumsgesetz resultieren, da er nicht im Grundbuch eingetragen ist.

Möglicherweise kann der Nichteigentümer oder der faktische Wohnungseigentümer das Wohnungseigentum besitzen, und zwar aufgrund eines Erwerbsvertrags, während gleichzeitig die Gemeinschaft rechtlich schon in Vollzug gesetzt ist. Beispielsweise dann, wenn mehrere Wohnungseinheiten in einer Gemeinschaft vorhanden sind und bereits eine einzige Eigentumswohnung vom Bauträger auf einen Wohnungseigentümer vollständig übereignet ist.

Der „werdende" Eigentümer ist im Sinne des WEG „Nichteigentümer" und hat damit keine Rechte und Pflichten im Zusammenhang mit der Wohnungseigentümergemeinschaft; er darf beispielsweise nicht an einer → Eigentümerversammlung teilnehmen.

Üblicherweise wird der faktische Wohnungseigentümer aber vom Veräußerer ermächtigt, dessen Rechte im eigenen Namen geltend zu machen, soweit der Veräußerer der Wohnung seine Rechte nicht mehr ausübt.

In den notariellen Kaufverträgen wird dies regelmäßig dadurch dokumentiert, dass ein Zeitpunkt für den Übergang des Besitzes bzw. der Nutzen, Lasten und Gefahren zeitlich fixiert und ein bestimmtes Datum angegeben wird.

Die Voraussetzungen einer faktischen Gemeinschaft sind kurz zusammengefasst:

- der unmittelbare oder mittelbare Besitz des Wohnungseigentümers an der Wohnung, die bewohnbar sein muss
- der Abschluss eines schuldrechtlichen Erwerbsvertrags
- die dingliche Sicherung des Erwerbs durch Eintragung einer Vormerkung

Der faktische (werdende) Wohnungseigentümer kann schon vor Eintragung im → Grundbuch

- sein Stimmrecht in der → Eigentümerversammlung ausüben,
- → baulichen Veränderungen zustimmen oder die Beseitigung nicht genehmigter baulicher Veränderungen verlangen.

Auch → Hausgeldzahlungen hat der werdende Wohnungseigentümer bereits vor der Eintragung im Grundbuch zu leisten (→ Hausgeld).

Die faktische Gemeinschaft endet durch die Eintragung des ersten Erwerbers als Eigentümer im Grundbuch. Die Stellung anderer „werdender Eigentümer" bleibt jedoch bestehen, wenn sie nicht eingetragen sind.

Forderungsanmeldung

Es kann durchaus nicht auszuschließen sein, dass Wohnungseigentümer ihren Zahlungsverpflichtungen nicht nachkommen können oder wollen. Der → Verwalter ist dann gehalten, als Maßnahme → ordnungsgemäßer Verwaltung für das Inkasso dieser Beitragsschulden zu sorgen. Dabei kann es sich um rückständige → Hausgeldzahlungen handeln, um fällige → Sonderumlagen oder um noch nicht bezahlte Nachzahlungsbeträge aus genehmigten → Jahresabrechnungen.

Hat die → Gemeinschaft der Wohnungseigentümer noch keinen rechtskräftigen oder vorläufig vollstreckbaren Titel (Urteil, Vollstreckungsbescheid) gegen den Schuldner und betreibt ein außen stehender Dritter die → Zwangsversteigerung (z. B. die finanzierende Bank), kann die → Wohnungseigentümergemeinschaft dem Verfahren trotzdem beitreten. § 45 ZVG i. V. m. § 10 Abs. 1 Nr. 2 ZVG verlangt generell für die Forderungsanmeldung beim Zwangsversteigerungsgericht keinen Titel; wenn einer vorhanden ist, umso besser. Allerdings muss die Forderung glaubhaft gemacht werden und sie darf – grob gesagt – nicht älter als zwei Jahre sein („Das Vorrecht erfasst die laufenden und die rückständigen Beiträge aus dem Jahr der Beschlagnahme und der letzten zwei Jahre.")

Zur Glaubhaftmachung reicht es aus, eine Niederschrift der maßgeblichen → Beschlüsse einschließlich der entsprechenden Anlagen dem Gericht vorzulegen. Für rückständiges laufendes und fälliges → Hausgeld sollte das Protokoll der Versammlung vorgelegt werden, in der der → Wirtschaftsplan für das laufende Hausgeld beschlossen wurde.

Selbstverständlich können auch andere Schriftstücke, die die Forderung bestätigen, vorgelegt werden (z. B. ein Schreiben des Schuldners an den Verwalter, in dem er um Stundung der Beitragsschuld bittet).

Gebrauchsregelung

„Die Wohnungseigentümer können den Gebrauch des → Sondereigentums und des → gemeinschaftlichen Eigentums durch Vereinbarung regeln." (§ 15 Abs. 1 WEG)

Üblicherweise wird der Gebrauch der Eigentumsanlage in einer → Hausordnung geregelt. Leider wird die Hausordnung oft im Rahmen der → Gemeinschaftsordnung, der → Teilungserklärung oder durch eine → Vereinbarung (§ 10 Abs. 1 WEG) fixiert. Dieses nicht zu empfehlende Verfahren wird nicht als Vereinbarung der Wohnungseigentümer untereinander verstanden, weil Hausordnungen, auch wenn sie Bestandteil der Gemeinschaftsordnung sind, grundsätzlich durch → Mehrheitsbeschluss geändert werden können. Wäre die Hausordnung eine Vereinbarung der Wohnungseigentümer untereinander, könnte sie wiederum nur durch eine Vereinbarung (Ergänzung/Nachtrag) verändert werden, an der alle Wohnungseigentümer mitwirken müssten (→ Allstimmigkeit).

In den Hausordnungen sollen die Besonderheiten jeder einzelnen Wohnanlage berücksichtigt werden. Im Rahmen der Hausordnung wird das Verhältnis der Wohnungseigentümer untereinander geregelt: Die Hausordnung soll ein reibungsloses Zusammenleben der Wohnungseigentümer gewährleisten; weiter sollen der Schutz des Gebäudes und die Pflege der gemeinschaftlichen Einrichtungen sowie die allgemeine Ordnung und Sicherheit gewährleistet werden.

Nach § 27 Abs. 1 Nr. 1 WEG ist der → Verwalter berechtigt und verpflichtet, für die Durchführung der Hausordnung zu sorgen. Dieses gilt insbesondere im Verhältnis der Wohnungseigentümer untereinander.

Der → Verwalter hat jedoch keine Befugnisse, auf den Mieter einer Eigentumswohnung einzuwirken. Dies kann er nur über den vermietenden Wohnungseigentümer machen. In der Praxis ist die Hausordnung sehr schwer durchsetzbar: Insbesondere Sanktionen gegen Wohnungseigentümer beziehungsweise Mieter zu erwirken, die ständig gegen die Hausordnung verstoßen.

Gebührenvereinbarung

Das Gesetz über die Vergütung der Rechtsanwältinnen und Rechtsanwälte (kurz: Rechtsanwaltsvergütungsgesetz – RVG) bildet die gesetzliche Grundlage zur Rechtsanwaltsgebührenberechnung. Generell sollte man vor einem möglichen Prozess auch immer die entstehenden Kosten im Auge behalten. Bei einem Prozess entstehen nicht nur die Gerichtskosten, man muss auch an die Anwaltskosten und die Kosten für den gegnerischen Anwalt denken, sollte man den Prozess verlieren. Das gilt erst recht für WEG-Verfahren, nachdem diese den Regeln der Zivilprozessordnung unterworfen sind.

Häufig schließen Mandanten mit ihren Rechtsanwälten schriftliche Vergütungsvereinbarungen (Gebührenvereinbarungen). Diese sehen die Vergütung der Tätigkeit des Rechtsanwalts nicht auf der Basis des Rechtsanwaltsvergütungsgesetzes, sondern vielmehr durch bestimmte monatliche Pauschalzahlungen oder – was häufiger ist – nach tatsächlich angefallenem Zeitaufwand des Rechtsanwalts.

Die dabei vereinbarten Stundenhonorare variieren je nach Zuschnitt und Größe der Anwaltskanzlei und der fachlichen Qualifikation und Berufserfahrung des Anwalts etwa zwischen 150 Euro und 600 Euro netto, zuzüglich Mehrwertsteuer.

Gerade für → Wohnungseigentümergemeinschaften, die einen großen Bedarf an anwaltlicher Beratung und anwaltlicher Unterstützung bei der Gestaltung ihrer Anliegen haben, erweist sich die Vereinbarung von festen Stundenhonoraren als günstige Lösung für den Anwalt und seinen Mandanten. Hinzu kommt, dass die Abrechnung des bei der Bearbeitung durch den Anwalt angefallenen Stundenaufwands in der Regel transparenter und leichter nachvollziehbar ist.

Gemeinschaftliches Eigentum

Unter dem gemeinschaftlichen Eigentum versteht das Wohnungseigentumsgesetz (§ 1 Abs. 5 WEG) Teile, Anlagen und Einrichtungen des Gebäudes sowie das eigentliche Grundstück, die nicht im → Sondereigentum oder im Eigentum eines Dritten stehen. Der technische Begriff „Grundstück" meint die überbaute und außerhalb von Gebäuden liegende Grundstücksfläche (z. B. eine Terrasse mit glattem Belag oder eine Zufahrt.

Zum gemeinschaftlichen Eigentum gehören auch die Gebäudeteile, die für den Bestand und die Sicherheit notwendig sind und die trotz Zugehörigkeit zum Sondereigentumsraum nicht → Sondereigentum sein können (§ 5 Abs. 2 WEG).

Beispiele für Gebäudeteile, die zum Gemeinschaftseigentum gehören, sind unter anderem das Fundament, die Außenwand, das Dach, der Schornstein oder eine Brandmauer.

Zum Begriff des gemeinschaftlichen Eigentums gehören auch die Anlagen und Einrichtungen, die dem gemeinschaftlichen Gebrauch dienen (§ 1 WEG und § 5 Abs. 2 WEG). Darunter versteht man diejenigen Anlagen und Einrichtungen, die den Eigentümern den Gebrauch ihres Wohnungseigentums ermöglichen und erhalten. Hierzu gehört zum Beispiel der Zugangsraum zum Ausgang (Flur) oder die Hebebühne in einer Doppelstockgarage.

Außerdem ist zu beachten, dass sondereigentumsfähige Räume und Gebäudeteile gemäß § 5 Abs. 3 WEG dann Gemeinschaftseigentum sind, wenn sie bei der Wohnungseigentumsbegründung nicht zum → Sondereigentum geworden sind.

Gemeinschaftsordnung

In der Regel beinhaltet die → Teilungserklärung zur Begründung von Wohnungseigentum zwei unterschiedliche Dinge, nämlich die eigentliche Teilungserklärung und die Gemeinschaftsordnung.

Die → Teilungserklärung hat gegenüber dem Grundbuchamt zu erfolgen. Die Gemeinschaftsordnung ist eine → Vereinbarung der Wohnungseigentümer untereinander und dient der Bestimmung des Gemeinschaftsverhältnisses.

Das Vorliegen einer Gemeinschaftsordnung ist nicht zwingend erforderlich; weder bei der Begründung des Wohnungseigentums durch Vertrag (§ 3 WEG) noch bei der Begründung des Wohnungseigentums im Rahmen einer Teilung (§ 8 WEG).

Fehlt die Vereinbarung über eine Gemeinschaftsordnung, gelten die gesetzlichen Bestimmungen der §§ 10 bis 29 WEG allein. Grundsätzlich kann gesagt werden, dass für die inhaltliche Gestaltung der Gemeinschaftsordnung Vertragsfreiheit besteht. Die

Grenzen der Vertragsfreiheit sind unabdingbare Gesetzesvorschriften, die nicht verändert oder abbedungen werden dürfen. Weiter darf die Gemeinschaftsordnung nicht gegen gesetzliche Verbote (§ 134 BGB) verstoßen und auch nicht sittenwidrig (§ 138 BGB) sein. Hier sind der Vertragsfreiheit bei der Gestaltung der Gemeinschaftsordnung Grenzen gesetzt.

Durch die Gemeinschaftsordnung können folgende Regelungen des WEG nicht abgeändert werden: Statisch erforderliche Bauteile können kein → Sondereigentum sein, ebenso wenig Anlagen und Einrichtungen, die den Wohnungseigentümern zum gemeinschaftlichen Gebrauch dienen (§ 5 Abs. 2 WEG).

Die Unselbstständigkeit des → Sondereigentums kann durch eine Gemeinschaftsordnung nicht aufgehoben werden (§ 6 WEG). Grundsätzlich ist die → Wohnungseigentümergemeinschaft auch unauflöslich; dies kann durch die Gemeinschaftsordnung nicht anders geregelt werden (§ 11 WEG).

Möchte ein Wohnungseigentümer sein Sondereigentum veräußern und ist eine Veräußerungszustimmung vereinbart worden, kann sie nur aus wichtigem Grund versagt werden (§ 12 Abs. 1 Satz 1 WEG). Das Zustimmungserfordernis bei einer Veräußerung – sofern in der Gemeinschaftsordnung normiert – kann jedoch nach § 12 Abs. 4 WEG mit einfacher Stimmenmehrheit in einer Eigentümerversammlung aufgehoben werden.

Auch der Anspruch auf → Einziehung des Wohnungseigentums kann durch die Gemeinschaftsordnung weder eingeschränkt noch ausgeschlossen werden (§ 18 Abs. 1 und Abs. 4 WEG). Die Eigentümer können auch nicht vereinbaren, auf einen → Verwalter zu verzichten. Jede Gemeinschaft muss einen Verwalter haben (§ 20 Abs. 2 WEG). Ein → Umlaufbeschluss muss einstimmig sein (§ 23 Abs. 3 WEG), das heißt von allen Wohnungs- und Teileigentümern unterschrieben werden.

Die in § 23 Abs. 3 WEG normierte Allstimmigkeit ist eine Erschwernis, die eventuell durch Vereinbarung erleichtert werden kann. Es gibt Gerichte, die es für zulässig halten, dass in der → Teilungserklärung oder der → Gemeinschaftsordnung von diesen Vorgaben abgewichen werden kann. Wenn ein Beschluss im schriftlichen Verfahren festgestellt und verkündet wurde, steht auch die Anfechtungsfrist fest und ein Eigentümer kann diesen Beschluss anfechten. Wird er nicht angefochten, erlangt er Bestandskraft. Mit dieser gerichtlichen Überprüfungsmöglichkeit ist dem Minderheitenschutz ausreichend Genüge getan.

Die gesetzlichen Minderheitenrechte bei der Einberufung zur → Eigentümerversammlung können durch die Gemeinschaftsordnung (§ 24 Abs. 2 WEG) nicht eingeschränkt werden. Über die Bestellung des → Verwalters auf längstens fünf Jahre und dessen Abberufung, die nur auf das Vorliegen eines wichtigen Grundes beschränkt werden darf, entscheiden die Wohnungseigentümer mit Stimmenmehrheit. Eine wiederholte Bestellung bedarf eines erneuten, frühestens ein Jahr vor Ablauf der Bestellungszeit zu fassenden → Beschlusses der Gemeinschaft.

Auch diesbezüglich kann die Gemeinschaftsordnung nicht abändernd wirken (§ 26 Abs. 1 und 2 WEG), das heißt den Fünf-Jahres-Zeitraum verlängern oder die Erstbestellung, die maximal drei Jahre dauern darf (§ 26 Abs. 1 WEG), auf vier Jahre ausdehnen.

Die gesetzlich normierten Aufgaben und Befugnisse des → Verwalters können nicht eingeschränkt werden (§ 27 Abs. 1 und 2 WEG), da es sich um Mindeststandards handelt. Andererseits sind viele Vorschriften des WEG abdingbar und können unter gewissen Einschränkungen in der Gemeinschaftsordnung abweichend vom Gesetz geregelt werden. Die Gemeinschaftsordnung ist die wichtigste Grundlage für eine → Wohnungseigentümerversammlung.

Die Vereinbarungen (Gemeinschaftsordnung) und inhaltliche Veränderungen von Vereinbarungen können Gegenstand einer Wohnungseigentümerversammlung sein. Vereinbarungen entstehen durch übereinstimmende Willenserklärungen der Beteiligten und können in der Regel nicht durch → Mehrheitsbeschluss, sondern nur mit Zustimmung aller Wohnungseigentümer geändert oder aufgehoben werden.

Es besteht in Ausnahmen die Möglichkeit, dass rechtswirksame Vereinbarungen abgeändert werden, wenn entgegen dem Einstimmigkeitserfordernis Beschlüsse mit Stimmenmehrheit gefasst werden. Wird dieser Änderungsbeschluss nicht angefochten, hat der Mehrheitsbeschluss mangels → Anfechtung Bestandskraft erhalten. Es sei denn, der Beschluss ist nichtig, weil er gegen ein gesetzliches Verbot oder gegen die guten Sitten verstößt oder gegen die Entscheidung des BGH vom 20.09.2000 (Az. V ZB 58/99, → nichtige Beschlüsse).

Gerichtliches Verfahren

Für gerichtliche Auseinandersetzungen zwischen den einzelnen Wohnungseigentümern untereinander oder für Rechtsstreitigkeiten des Verbands der → Gemeinschaft der Wohnungseigentümer mit außen stehenden Dritten oder mit dem → Verwalter gilt die Zivilprozessordnung als Regelungsinstrument. Da der Bezug zum Wohnungseigentum prozessual aufgrund der vielen Beteiligten zu Ablaufschwierigkeiten führt, hat der Gesetzgeber spezielle Sonderregelungen für die Zivilprozesse in WEG-Sachen in § 43 ff. WEG geschaffen. Ein paar Anmerkungen hierzu:

Die ausschließliche örtliche Zuständigkeit ist immer am Belegenheitsort (§ 43 WEG); das → Amtsgericht ist grundsätzlich Eingangsinstanz (§ 23 Nr. 2c GVG); die Zuständigkeit des Landgerichts bei Streitwerten über 5.000 Euro ist nur dann gegeben, wenn ein Dritter die → Wohnungseigentümergemeinschaft verklagt (§ 43 Nr. 5 WEG).

Als Rechtsmittel gegen erstinstanzliche Entscheidungen gibt es die Möglichkeit der Berufung; gegen Berufungsentscheidungen gibt es grundsätzlich kein weiteres Rechtsmittel mehr. Theoretisch wäre eine Revision bei Zulassung durch das Rechtsmittelgericht möglich. Gegen die Berufungsentscheidung ist auf Zulassung nach § 543 Abs. 1 Nr. 1 ZPO die Revision eröffnet. Die Revision ist vom Landgericht dem Unterlegenen zu eröffnen, wenn der Rechtsstreit eine grundsätzliche Bedeutung hat oder die Rechtsprechung von anderen Obergerichten abweicht. Gegebenenfalls bleibt noch die sogenannte Nichtzulassungsbeschwerde.

Das gilt allerdings nur für „Binnenstreitigkeiten" gemäß § 43 Nr. 1 bis 4 WEG und nicht für Streitigkeiten mit externen Dritten.

Gerichtskosten

Bekanntermaßen kostet ein Verfahren nach den Vorschriften des WEG Geld. Auch die Gerichte arbeiten nicht unentgeltlich.

Bei der Abschätzung eines Kostenrisikos werden gerne die Gerichtskosten außer Acht gelassen. Diese können erheblich sein. Zu den Gerichtskosten zählen beispielsweise auch die Kosten eines Sachverständigen, der im Auftrag des Gerichts arbeitet, sowie die Kosten für Zeugenentschädigungen, die bei weiten Anreisen erheblich sein können.

§ 91 ZPO regelt, dass das erkennende Gericht nach billigem Ermessen entscheidet, welcher der Beteiligten die Gerichtskosten zu tragen hat.

Für gerichtliche Auseinandersetzungen in WEG-Verfahren gelten die allgemeinen Vorschriften der Zivilprozessordnung. Der Gesetzgeber hat jedoch ein paar Besonderheiten, die die WEG-Verfahren aufgrund der vielen beteiligten Wohnungseigentümer in den §§ 43 bis 50 WEG normiert, die zu beachten sind.

Es gilt der allgemeine Grundsatz, dass der im Verfahren Unterlegene die Gerichtskosten zu tragen hat. Ebenso sagt § 91 Abs. 1 ZPO, dass neben den Gerichtskosten dem Gegner auch die notwendigen außergerichtlichen Kosten zu erstatten sind (z. B. die Rechtsanwaltskosten).

Komplizierter wird die Sache natürlich dann, wenn beispielsweise ein Wohnungseigentümer einen → Mehrheitsbeschluss der → Wohnungseigentümergemeinschaft erfolgreich anficht. Dann kann auch dem → Verwalter die Kostenlast auferlegt werden (§ 49 Abs. 2 WEG).

Hinsichtlich der Festsetzung des Gegenstandswerts, der für die Bemessung der Gerichtskosten die maßgebliche Basis darstellt, ist § 49a GKG zu berücksichtigen: Um das Kostenrisiko der Höhe nach „überschaubar" zu halten, sind Obergrenzen eingeführt worden, die die Höhe des Gegenstandswerts (Streitwert) begrenzen.

Gesamtabrechnung

Immer wieder tauchen die verschiedenen Begriffe wie Gesamtabrechnung und → Einzelabrechnung im Rahmen der → Jahresabrechnung einer Wohnungseigentümergemeinschaft auf. Dadurch wird suggeriert, dass es zwei verschiedene Arten von Abrechnungen gibt. Das ist in dieser Form jedoch nicht richtig. Die jeweiligen Einzelabrechnungen für den jeweiligen → Sondereigentümer müssen aus der Gesamtabrechnung entwickelt werden. Die Einzelabrechnungen sind von der Gesamtabrechnung abhängig. Die Jahresgesamtabrechnung ist nach verschiedenen Positionen zu gliedern: einerseits nach Einnahmen, andererseits nach Ausgaben der Gesamtwohnungseigentümergemeinschaft. In der Einzelabrechnung werden die jeweiligen Einnahmen- und Ausgabenpositionen nach dem jeweiligen Verteilerschlüssel als Abrechnungsergebnis auf die einzelnen Sondereigentümer verteilt.

Die Gesamtabrechnung betrifft somit die gesamte Wohnungseigentümergemeinschaft, die Einzelabrechnung den jeweiligen Sondereigentümer. Beide Abrechnungsteile bilden eine Einheit.

Gesamtschuldnerische Haftung

Gegenüber Dritten haften die Wohnungseigentümer grundsätzlich gesamtschuldnerisch. Seit der Entscheidung des BGH vom 02.06.2005 (Az. V ZB 32/05) ist das nicht mehr uneingeschränkt gültig. Nach dieser Rechtsprechung und nach der WEG-Novelle ist nunmehr die → Gemeinschaft der Wohnungseigentümer (Verband) rechtsfähig, soweit sie bei der Verwaltung des → gemeinschaftlichen Eigentums am Rechtsverkehr teilnimmt (§ 10 Abs. 6 WEG). Das hat für den einzelnen Wohnungseigentümer gravierende Auswirkungen mit sich gebracht: Der Wohnungseigentümer kann seit 02.06.2005 (Datum der BGH-Entscheidung) nicht mehr als Gesamtschuldner, wie vorstehend beschrieben, in die Haftung genommen werden. Es haftet nämlich die → teilrechtsfähige Gemeinschaft der Wohnungseigentümer mit ihrem → Verwaltungsvermögen (§ 10 Abs. 7 WEG).

Die Gläubiger einer → Wohnungseigentümergemeinschaft (z. B. Heizöllieferanten, Handwerker, die Reparaturen durchgeführt haben oder Versicherungen) können ihre Forderungen gegen jeden einzelnen Wohnungseigentümer nur in Höhe des jeweiligen Miteigentumsanteils geltend machen.

Vorrangig haftet aber erst einmal die → Gemeinschaft der Wohnungseigentümer (Verband).

Neben der Haftung der teilrechtsfähigen Wohnungseigentümergemeinschaft kommt eine akzessorische gesamtschuldnerische Haftung der einzelnen Wohnungseigentümer nur noch dann in Betracht, wenn diese sich neben dem Verband klar und eindeutig persönlich verpflichtet haben. Gläubiger der Gemeinschaft, das heißt außenstehende Dritte, können auf deren Verwaltungsvermögen zugreifen, das auch die Ansprüche der Gemeinschaft gegen die Wohnungseigentümer und gegen Dritte umfasst.

Zu den pfändbaren Ansprüchen der Gemeinschaft gehören der Anspruch, ihr die finanzielle Grundlage zur Begleichung der laufenden Verpflichtungen durch Beschlussfassungen über den → Wirtschaftsplan, seine Ergänzung (Deckungsumlage) oder die → Jahresabrechnung zu verschaffen, sowie Ansprüche aus Verletzung dieser Verpflichtung.

Geschäftsordnungsbeschluss

In die → Beschluss-Sammlung (§ 24 Abs. 7 WEG) sind alle relevanten Beschlüsse, die auf einer → Eigentümerversammlung gefasst wurden, aufzunehmen, auch → Negativbeschlüsse und → Beschlüsse, die in der → Tagesordnung unter „Sonstiges" oder „Verschiedenes" laufen.

Nicht einzutragen sind hingegen die Geschäftsordnungsbeschlüsse (auch Organisationsbeschlüsse genannt), die nur den ordnungsmäßigen Ablauf der Versammlung sichern sollen und inhaltlich keine Arbeitsanweisung für den Verwalter oder die Eigentümer darstellen. Solche Beschlüsse, die die Organisation der → Eigentümerversammlung regeln, sind naturgemäß mit dem Ende der Versammlung erledigt und haben regelmäßig keine Auswirkungen für Rechtsnachfolger, so dass sie uninteressant geworden sind. Selbstverständlich müssen sie (in das → Protokoll) aufgenommen werden. Beispiele: Begrenzung der Redezeit; Änderung der Reihenfolge der → Tagesordnung; Wahl eines anderen Versammlungsleiters; Feststellung der → Beschlussfähigkeit.

Gesetz über das Wohnungseigentum

Das Bürgerliche Gesetzbuch (BGB) vom 18.08.1896, in Kraft getreten am 01.01.1900, gestattet es gemäß den §§ 93 und 94 BGB nicht, an realen Teilen eines Gebäudes Eigentum zu bilden.

Das Wohnungseigentumsgesetz (genaue Bezeichnung: Gesetz über das Wohnungseigentum und das Dauerwohnrecht – WEG) vom 15.03.1951 bildet mit dem Wohnungseigentum und dem

→ Teileigentum, dem → Wohnungserbbaurecht und dem Teilerbbaurecht sowie dem → Dauerwohnrecht und dem Dauernutzungsrecht neue Rechtsformen für reale Teile an Gebäuden. Früher gab es noch das „Stockwerkseigentum".

In § 182 des Einführungsgesetzes zum Bürgerlichen Gesetzbuch ist geregelt, dass das zur Zeit des Inkrafttretens des BGB bereits existierende Stockwerkseigentum bestehen bleibt. Außerdem ist geregelt, dass das Rechtsverhältnis der Beteiligten untereinander nach den bisherigen Gesetzen bestimmt wird. Das bedeutet, dass neues Stockwerkseigentum nach dem 01.01.1900 nicht mehr begründet werden kann.

Das WEG besteht aus nunmehr insgesamt 55 Paragrafen. Das Gesetz „zur Änderung des Wohnungseigentumsgesetzes und anderer Gesetze" vom 26.03.2007 (BGBl. 2007, Teil I Nr. 11, ausgegeben zu Bonn am 30.03.2007) ist seit 01.07.2007 in Kraft und brachte erhebliche Änderungen, die alle bei den einzelnen Stichwörtern eingearbeitet und berücksichtigt sind.

Das Gesetz gliedert sich in vier Hauptteile.

Im ersten Teil ist das Wohnungseigentum (Begründung von Wohnungseigentum, Gemeinschaft der Wohnungseigentümer, Verwaltung, Wohnungserbbaurecht) geregelt.

Im zweiten Teil sind die Fragen des Dauerwohnrechts, im dritten Teil die speziellen Verfahrensvorschriften für gerichtliche Auseinandersetzungen enthalten. Der vierte und letzte Teil enthält ergänzende Bestimmungen, wie Übergangsvorschriften, und regelt das Inkrafttreten.

Grundbuch

Gemäß § 7 WEG (Grundbuchvorschriften) ist für jeden Miteigentumsanteil ein gesondertes Grundbuchblatt anzulegen. Darin wird das zu dem Miteigentumsanteil gehörende → Sondereigentum eingetragen.

Ausnahmsweise wird von der Anlegung separater Grundbuchblätter abgesehen, wenn wegen der Vielzahl der Miteigentumsanteile und deren unterschiedlicher Belastungen Verwirrung entstehen könnte. In derartigen Ausnahmefällen wird das Grundbuchblatt als gemeinschaftliches Wohnungsgrundbuch geführt.

Zur Begründung von Wohnungseigentum bedarf es der Eintragung in das Grundbuch.

Erstrebt eine Gemeinschaft in gesamthänderischer Bindung, wie zum Beispiel eine Erbengemeinschaft, handelsrechtliche Gesellschaften, Wohnungseigentum zu begründen, muss diese sich zunächst in eine Bruchteilsgemeinschaft umwandeln.

Als Eintragungsvoraussetzung muss zunächst ein entsprechender Antrag mindestens eines Miteigentümers vorliegen. Des Weiteren muss eine Bewilligung aller Miteigentümer vorhanden sein, die zumeist in der → Teilungserklärung enthalten ist.

In der Eintragungsbewilligung muss der Sondereigentumsgegenstand in Übereinstimmung mit dem → Aufteilungsplan genau bestimmt sein. Dem Antrag muss daher der Aufteilungsplan beigefügt sein, in dem das → Sondereigentum vom → gemeinschaftlichen Eigentum genau abgegrenzt sein muss.

Außerdem ist der Eintragungsbewilligung die Abgeschlossenheitsbescheinigung (→ Abgeschlossenheit) der Baubehörde oder eines Sachverständigen beizufügen.

Neben den Eintragungsvoraussetzungen überprüft das Grundbuchamt die rechtliche Gestaltung des Wohnungseigentums auf inhaltliche Mängel. Grundstücksbelastungen wie etwa Hypotheken, die auf dem gesamten Grundstück ruhen, sind in allen Wohnungsgrundbüchern einzutragen.

Ist hingegen nur ein einzelner Miteigentumsanteil selbstständig mit einer Hypothek belastet, ist bei der Begründung des Sondereigentums die Zustimmung des Hypothekengläubigers erforderlich.

Grundbuchordnung

Die Verträge zur Einheit Deutschlands, insbesondere der Einigungsvertrag zwischen der Bundesrepublik Deutschland und der DDR über die Herstellung der Einheit Deutschlands vom 31.08.1990, haben auch Auswirkungen auf die grundbuchmäßige Behandlung des Wohnungs- und Teileigentumsrechts. Die schwierigen und umfangreichen Regelungen finden sich im Einigungsvertrag in der Anlage I, Kapitel III, Sachgebiet B, Abschnitt III (vgl. BGBl. 1990 II, S. 885, 951).

Für das Gebiet der neuen Bundesländer, insbesondere den Grundstücksverkehr betreffend, gibt es eine Verfügung über die grundbuchmäßige Behandlung der Wohnungseigentumssachen. Die Grundbuchordnung regelt, wo die Grundbuchämter einzurichten sind, wer die → Grundbücher führt, welche Grundbuchbezirke es gibt und welche Grundstücksverzeichnisse von wem geführt werden.

Ansonsten ist in der Grundbuchordnung – die für ganz Deutschland gilt – geregelt, wie und in welcher Form die Grundbücher zu führen sind.

Hausgeld

Jeder Wohnungseigentümer, der Mitglied einer → Wohnungseigentümergemeinschaft ist, muss sich gegenüber den anderen Wohnungseigentümern anteilig an den Kosten und Lasten des Wohnungseigentums beteiligen. Wer Eigentümer ist, entscheidet grundsätzlich der Grundbuchbestand. Deshalb ist auch der zu Unrecht eingetragene Wohnungseigentümer nicht hausgeldpflichtig.

Unter Lasten im Sinne des § 16 Abs. 2 WEG sind insbesondere öffentlich-rechtliche Belastungen zu verstehen. Der Begriff der „Kosten" ist hingegen wesentlich weiter gefasst. Eine praktische Bedeutung hat die Unterscheidung nicht.

Wichtig ist nur, zu bedenken, dass es durchaus Kosten oder Lasten der Eigentumswohnung gibt, die individuell vom jeweiligen Wohnungseigentümer verlangt werden und nicht von der Wohnungseigentümergemeinschaft. Als Beispiel seien hier die Grundsteuerbescheide genannt. In manchen Gemeinden oder Landkreisen werden die Müllgebühren von den einzelnen Wohnungseigentümern verlangt.

Auch Erschließungsbeiträge im Sinne des Bundesbaugesetzbuches treffen den individuellen Eigentümer und nicht die Gemeinschaft. Mit den Erschließungsbeiträgen machen die Gemeinden bzw. die Baurechtsbehörden in aller Regel Kosten für die Herstellung der öffentlichen Straße und der Kanäle gegenüber den Grundstücks- bzw. Wohnungseigentümern geltend. Das sind zwar auch Kosten, die mit der Bewirtschaftung des Grundstücks zusammenhängen, aber vom vermietenden Wohnungseigentümer nicht als → Betriebskosten auf den Mieter umgelegt werden können. Diese sind nämlich nicht im Katalog von § 2 Betriebskostenverordnung (BetrKVO) enthalten.

Als Oberbegriff für Lasten und Kosten hat sich die Bezeichnung „Hausgeld" (oft auch als → Wohngeld bezeichnet, wobei dieser Begriff zu Verwechslungen mit dem staatlichen Zuschuss nach dem Wohngeldgesetz führen kann) durchgesetzt. Das Hausgeld setzt sich im Wesentlichen aus Folgendem zusammen (beispielhafte Aufzählung):

Bewirtschaftungskosten (→ Betriebskosten), Wasserversorgungs- und Entsorgungskosten, Hausmeisterkosten, Stromkosten für gemeinschaftliche Räume, Stromkosten für gemeinschaftliche Einrichtungsgegenstände, Stromkosten für sonstige gemeinschaftliche Anlagen, Kaminkehrergebühren, Kontogebühren gemeinschaftlicher Konten, Reinigungskosten, Aufzugskosten, Wartungs- und Betriebskosten für andere gemeinschaftliche Einrichtungen und Maschinen, Kosten für eine Gemeinschaftsantenne (→ Antennenanlage), Kosten für einen Breitbandkabelanschluss (→ Breitbandkabel), Kosten eines Rechtsstreits auf Entziehung des Wohnungseigentums, Schadenersatzzahlungen im Fall des § 14 Nr. 4 WEG, Versicherungsprämien für sämtliche abgeschlossenen gemeinschaftlichen Sach- und Haftpflichtversicherungen, Heizungs- und Warmwasserkosten (→ Heizkosten), die eigentlichen Betriebskosten für die Heizungsanlage, die Kosten für den Energiebedarf, die Kosten für die Abrechnung, die Stromkosten für die Heizungsanlage, die Kosten für die Wartung und Betreuung der Anlage, die Instandhaltungsrücklage, das Verwalterhonorar einschließlich etwaiger Verwaltersonderhonorare (→ Kosten der Verwaltung), sonstige Kosten der Verwaltung (→ Verwaltergebühren), Verwaltungsbeiratsvergütungen, Rechtsanwaltskosten (→ Rechtsanwaltsgebühren), Sachverständigenkosten, Kosten für Wohnungseigentümerversammlungen und eventuelle Mietkosten für den Versammlungsort.

Vom Hausgeld sind strikt die Kosten für das → Sondereigentum zu trennen; sie sind nicht Gegenstand der gemeinschaftlichen Lasten- und Kostenpositionen.

Das Hausgeld, das in der Regel monatlich fällig ist, zieht üblicherweise der → Verwalter der Wohnungseigentumsanlage ein.

Die Höhe der Hausgeldzahlungen richtet sich nach dem vom Verwalter aufzustellenden → Wirtschaftsplan, zu dessen Wirksamkeit er von der → Eigentümerversammlung beschlossen werden muss, um den Anspruch auf Zahlung des Hausgelds zu begründen. Ohne Wirtschaftsplan gibt es kein Hausgeld!

Die Hausgelder sind auf das vom Verwalter geführte Gemeinschaftskonto einzuzahlen.

Nach Abschluss des Wirtschaftsjahres, das meistens mit dem Kalenderjahr identisch ist, muss der Verwalter eine → Jahresabrechnung erstellen. Bei dieser → Jahresabrechnung sind dann die Hausgeldvorauszahlungen entsprechend abzuziehen. Es kann zu Überzahlungen oder zu Nachzahlungen kommen. Der Verwalter hat dann im Rahmen seiner ordnungsgemäßen Verwaltung dafür zu sorgen, dass die jeweiligen individuellen Kontenrahmen ausgeglichen sind. Der Verwalter hat dann dafür zu sorgen, dass nach bestandskräftigen Beschluss der Jahresabrechnung die Guthaben an die einzelnen Wohnungseigentümer ausbezahlt und die Nachforderungen bei den Schuldnern geltend gemacht werden.

Die Hausgeldabrechnung (→ Jahresabrechnung) ist beim vermietenden Eigentümer nicht identisch mit der → Betriebskostenabrechnung gegenüber dem Mieter. Einige Positionen werden sich überschneiden, wie Heizung und Warmwasser oder Versicherungsprämien etc. Das kommt aber darauf an, welche Positionen der vermietende Wohnungseigentümer mit dem Mieter in seinem Vertrag vereinbart hat. In aller Regel sind Jahresabrechnungen nicht 1 : 1 zu übernehmen.

Viele → Verwalter bieten den Service an, in der → Jahresabrechnung zwischen umlagefähigen Positionen (das heißt auf den Mieter umlegbar) und nicht umlagefähigen Positionen zu unterscheiden. Zu den nicht umlagefähigen Positionen gehören zum Beispiel Reparaturen, Bankspesen, Kontoführungsgebühren und auch die Verwaltergebühren.

Hausordnung

Um das Zusammenleben von verschiedenen Bewohnern eines Hauses und die Benutzung der gemeinschaftlichen Räume zu regeln, empfiehlt es sich, eine Hausordnung zu beschließen und für die Bewohner des Hauses, seien es Eigentümer oder Mieter, für verbindlich zu erklären.

Es empfiehlt sich weiter für den Eigentümer einer Eigentumswohnung, bei der Vermietung im Mietvertrag zu vereinbaren, dass sich der Mieter allen Hausordnungsbestimmungen unterwirft, die die → Wohnungseigentümergemeinschaft beschließt, sonst läuft der Vermieter (Eigentümer) Gefahr, dass im Mietverhältnis eine andere Hausordnung gilt als in der Eigentümergemeinschaft, was zu unangenehmen Konsequenzen für den vermietenden Eigentümer führen kann.

Anhand eines Beispiels muss die Problematik erläutert werden: Sieht die Hausordnung der WEG vor, dass die Mittagsruhe von 12:00 bis 14:00 Uhr dauert, kann der vermietende Eigentümer sich nicht auf die WEG-Hausordnung berufen, sondern muss sich an seine vereinbarte Mietvertragshausordnung halten. Die anderen Wohnungseigentümer, für die die WEG-Hausordnung gilt, können dann den Mieter und den Vermieter auf Unterlassung der → Lärmbeeinträchtigungen während der Ruhezeit in Anspruch nehmen. Deshalb ist es für den vermietenden Wohnungseigentümer wichtig, dass mit dem Mieter vereinbart wird, dass immer die Hausordnung der WEG gilt.

Denn bei einer Vermietung kann der Vermieter (Eigentümer) nicht absehen, ob nicht durch künftige Beschlüsse der Wohnungseigentümergemeinschaft bestimmte Hausordnungsregeln geändert oder neu eingeführt werden, so dass sich der Eigentümer durch einen Passus im Mietvertrag rechtlich absichern sollte.

In einer Hausordnung können zum Beispiel folgende Positionen geregelt werden:

- Reinigungspflicht für gemeinschaftlich benützte Räume
- Reinigungspflicht für das Treppenhaus, den Gehweg, Hofraum und andere gemeinschaftliche Räumlichkeiten
- Reihenfolge der Benutzung der Waschküche, des Trockenraums oder sonstiger Gemeinschaftseinrichtungen

Heizkosten

Die Heizkostenverordnung, die in ihrer jetzigen Fassung seit dem 01.01.2010 in Kraft ist, regelt im Detail die Abrechnung der Kosten für Wärme und Warmwasser, die beim Betrieb einer Wohnung entstehen. Die Heizkostenverordnung ist auf → Wohnungseigentümergemeinschaften anwendbar. Die Heizkostenverordnung schreibt strikt vor, dass ein Teil der Wärmekosten nach einem festen Maßstab (Grundkosten) umgelegt werden muss und der andere Teil nach einem messtechnisch erfassten Verbrauch des jeweiligen Nutzers, sei es der Wohnungseigentümer selbst oder sein Mieter.

Die Heizkosten müssen einmal jährlich abgelesen und abgerechnet werden.

Der → Verwalter einer Eigentumswohnanlage beauftragt regelmäßig einmal jährlich ein Wärmemessdienstunternehmen und lässt den jeweiligen Verbrauch ermitteln. Die Wärmemessfirma liest in den jeweiligen Wohnungen die Erfassungsgeräte ab und erstellt auf dieser Basis der ermittelten Werte eine Heizkostenabrechnung.

Diese Heizkostenabrechnung findet dann ihren Niederschlag in der → Jahresabrechnung.

Der Sinn und Zweck der Heizkostenverordnung ist darin zu sehen, dass aufgrund einer anteiligen, verbrauchsabhängigen Heizkostenbemessung die Verbraucher möglichst energiesparend heizen sollen und der eigene Verbrauch dem Nutzer transparent wird.

Durch den verbrauchsunabhängigen Heizkostenanteil soll erreicht werden, dass die Heiz- und Wärmekosten möglichst nutzergerecht auf alle Beteiligten umgelegt werden.

Hundehaltung durch Behinderte

Es dürfte selbstverständlich sein, dass Toleranz und Rücksichtnahme gegenüber behinderten Wohnungseigentümern oder behinderten Mietern ausgeübt werden. Das BayObLG hat in seinem Beschluss vom 25.10.2001 (Az. II ZBR 81/01) Behinderten die Haustierhaltung etwas erleichtert:

Trotz eines bestandskräftigen Wohnungseigentümerbeschlusses, wonach in der Wohnanlage keine Hunde, Katzen und Hasen gehalten werden durften, schaffte sich eine schwer contergangeschädigte, alleinstehende und arbeitslose Frau einen Mischlingsdackel an. Der Streit zwischen der → Wohnungseigentümergemeinschaft und der behinderten Frau wurde schließlich zu deren Gunsten entschieden. Das Gericht räumte zwar ein, dass der Hund nicht die Funktion hatte, eine auf körperlichem Gebiet liegende Behinderung der Wohnungseigentümerin zu kompensieren, wie etwa bei einem Blindenhund. Dem Hund kam hier vielmehr die Rolle zu, das allgemeine seelische Gleichgewicht der behinderten Frau zu stabilisieren. Ein Arzt bestätigte die Notwendigkeit der Haustierhaltung für die Psyche der Wohnungseigentümerin. Das Gericht kam zu dem Ergebnis, dass die Wohnungseigentümergemeinschaft durch den in der Wohnung gehaltenen kleinen Hund nur unwesentlich beeinträchtigt wird, was von der Gemeinschaft hinzunehmen ist.

Dabei handelt es sich aber wohl um eine Einzelfallentscheidung, die nicht verallgemeinert werden kann.

Informationspflicht

Wie das Gesetz in § 27 Abs. 2 Nr. 2 und in Abs. 3 WEG klarstellt, ist der → Verwalter zur Vertretung der → Wohnungseigentümergemeinschaft in Passivverfahren, wenn die WEG auf der Beklagtenseite steht, nicht nur berechtigt, sondern sogar verpflichtet, tätig zu werden. Der Verwalter ist nach § 45 Abs. 1 WEG ausdrücklich zum → Zustellungsvertreter in gerichtlichen Verfahren bestimmt.

Daraus resultiert gemäß § 27 Abs. 1 Nr. 7 WEG auch eine Unterrichtungspflicht (Informationspflicht) gegenüber den Wohnungseigentümern: Der Verwalter muss mitteilen, dass ein gerichtliches Verfahren anhängig ist.

Insolvenzfähigkeit

Der Gesetzgeber hat in § 11 Abs. 3 WEG lapidar angeordnet, dass ein Insolvenzverfahren über das Verwaltungsvermögen der Gemeinschaft nicht stattfindet. Das bedeutet, dass die → Wohnungseigentümergemeinschaft zwar „pleite gehen", aber zu einer ordnungsgemäßen Abwicklung nicht das Insolvenzverfahren herangezogen werden kann. Die Gläubiger, die am schnellsten bemerken, dass die Wohnungseigentümergemeinschaft kein Geld mehr hat, und zuerst kommen, werden damit bevorzugt. Über das Vermögen eines einzelnen Wohnungseigentümers kann jedoch ein Insolvenzverfahren nach der Insolvenzordnung (InsO) durchgeführt werden.

Instandhaltung

Zu einer → ordnungsgemäßen Verwaltung des → gemeinschaftlichen Eigentums gehört die Erhaltung des bestehenden und die Wiederherstellung eines einmal vorhanden gewesenen intakten Zustands. Der Begriff „Instandhaltung" ist in Zusammenhang mit dem Begriff → „Instandsetzung" zu sehen. Instandhaltung meint die Erhaltung eines einwandfreien Zustands. Instandsetzung ist hingegen die Wiederherstellung eines einmal vorhanden gewesenen einwandfreien Zustands. Instandhaltung meint aber auch, dass von Anfang an vorhandene Mängel beseitigt werden und ein einwandfreier Zustand überhaupt erst einmal hergestellt wird.

Der Begriff „Instandhaltung" ist im WEG nicht näher definiert. Zu den Instandhaltungsmaßnahmen gehören auch Ersatzbeschaffungen, Maßnahmen zur Anpassung an rechtliche Erfordernisse sowie Modernisierungs- und Energieeinsparungsmaßnahmen.

Instandhaltungsmaßnahmen sind aber dann nur als solche zu bezeichnen, wenn sie als sinnvolle Maßnahmen aufgrund der technischen Entwicklung erforderlich sind. Hier ist die Grenze eng zu den grundsätzlichen Neuerungen zu ziehen, die eventuell als → bauliche Veränderungen einzuordnen sind.

Wie § 21 Abs. 3 und Abs. 5 Nr. 2 WEG zeigen, beschließen die Wohnungseigentümer über Maßnahmen der Instandhaltung (und → Instandsetzung) stets mehrheitlich. Deshalb sind andere Maßnahmen wie die → modernisierende Instandsetzung (§ 22 Abs. 3 WEG), Modernisierung bzw. → Anpassung des gemeinschaftlichen Eigentums an den Stand der Technik (§ 22 Abs. 2 WEG) und → bauliche Veränderungen (§ 22 Abs. 1 WEG) streng von den Instandhaltungsmaßnahmen zu unterscheiden, da die übrigen „Veränderungen" des gemeinschaftlichen Eigentums nur „allstimmig" (→ Allstimmigkeit) oder mit einer → qualifizierten Mehrheit beschlossen werden können.

Die Differenzierung ist auch deshalb notwendig, weil die Wohnungseigentümer im Hinblick auf § 16 Abs. 4 WEG eine Beschlusskompetenz haben, den → Verteilungsschlüssel der Kosten für Instandhaltungsmaßnahmen nicht nur nach → Miteigentumsquoten, sondern auch anders – jedoch nicht „ungerecht" (unbillig) – zu verteilen, wofür ein → Beschluss mit qualifizierter Mehrheit (drei Viertel nach Köpfen, 50 Prozent nach Miteigentumsanteilen) erforderlich ist.

Instandhaltungsrücklage

Zu einer ordnungsgemäßen, dem Interesse der → Gemeinschaft der Wohnungseigentümer entsprechenden Verwaltung gehört insbesondere die Ansammlung einer angemessenen Instandhaltungsrücklage (§ 21 Abs. 5 Nr. 4 WEG).

Der wirtschaftliche Zweck dieser Instandhaltungsrücklage ist darin zu sehen, die Liquidität der Gemeinschaft zu gewährleisten, und zwar für den Fall, dass größere → Instandhaltungs- und

→ Instandsetzungsarbeiten bzw. Reparaturen am → gemeinschaftlichen Eigentum erforderlich werden.

Es empfiehlt sich, vor Beginn der Bildung einer → Wohnungseigentümergemeinschaft durch → Mehrheitsbeschluss der Eigentümer zu beschließen, dass die Bildung einer Instandhaltungsrücklage zur laufenden Pflicht wird. Eine größere Liquidität kann verhindern, dass andere Wohnungseigentümer für einen insolventen Wohnungseigentümer finanziell in die Bresche springen müssen, zum Beispiel durch eine → Sonderumlage zur Deckung der fehlenden Geldmittel.

Sind größere Reparaturen erforderlich, für die die Instandhaltungsrücklage nicht ausreicht, muss jeder Wohnungseigentümer gemäß seinen Anteilen quotenmäßig eine → Sonderumlage bezahlen. Diese zusätzlichen Zahlungen, die bei großen Reparaturen nicht unerheblich sein können, belasten Wohnungseigentümer oft so stark, dass sie nicht in der Lage sind, die geforderten Beträge auf einmal an die Gemeinschaft zu bezahlen. Es sollte daher eine angemessene Rücklage gebildet werden, um diesen Gefahren vorzubeugen.

Immer wieder ist die Frage der Höhe der jährlich zu bildenden Instandhaltungsrücklage zwischen den Wohnungseigentümern sehr streitig. Die Wohnungseigentümer können mit einfacher Mehrheit (→ Mehrheitsbeschluss) in der Versammlung über die Höhe der Rückstellung beschließen. Lehnen die Wohnungseigentümer mehrheitlich – aus welchen Gründen auch immer – die Ansammlung einer Instandhaltungsrücklage ab, kann jeder Wohnungseigentümer im Rahmen seines individuellen Anspruchs auf → ordnungsgemäße Verwaltung die Bildung einer Rücklage dem Grunde und der Höhe nach verlangen und diesen Anspruch gerichtlich durchsetzen (→ Anfechtungsklage).

Die Angemessenheit richtet sich nach dem Alter und Zustand des Gebäudes, ferner auch danach, welche technischen Einrichtungen vorhanden sind. Dabei wird zu prüfen sein, ob die technischen Einrichtungen besonders reparaturträchtig sind. Reparaturträchtig sind vermutlich vor allem Schwimmbäder, Aufzugsanlagen und komplizierte Heizungsanlagen.

In der Praxis wird ein Betrag von 2 bis 3 Euro pro Quadratmeter Wohnfläche pro Jahr als Zahlung zur Instandhaltungsrücklage sicherlich zu niedrig sein. Die Höhe des Betrags sollte jedoch jede Wohnungseigentümergemeinschaft individuell nach ihren Verhältnissen selbst bestimmen. In der II. Berechnungsverordnung (§ 28 II. BVO) wird ein Betrag von 7,10 bis 11,50 Euro pro Quadratmeter und Jahr vorgeschlagen.

Üblicherweise werden die Beiträge zur Instandhaltungsrücklage mit den laufenden monatlichen Zahlungen (→ Hausgeld) an die Gemeinschaft geleistet. Die Rücklagegelder sind dabei auf einem separatem Konto zu führen und möglichst effektiv anzulegen. Bei einer längerfristigen Anlage sollte jedoch berücksichtigt werden, dass die Instandhaltungsrücklage auch bei eventuell plötzlich auftretenden Reparaturen möglichst kurzfristig zur Verfügung steht – man denke nur an eine Reparatur einer Heizungsanlage im Winter.

In einer grundlegenden Entscheidung zum Thema Instandhaltungsrücklage hat der BGH Folgendes entschieden:

§

BGH vom 04.12.2009, Az. V ZR 44/09

Tatsächliche und geschuldete Zahlungen der Wohnungseigentümer auf die Instandhaltungsrücklage sind in der Jahresgesamt- und -einzelabrechnung weder als Ausgabe noch als sonstige Kosten zu buchen. In der Darstellung der Entwicklung der Instandhaltungsrücklage, die in die Abrechnung aufzunehmen ist, sind die tatsächlichen Zahlungen der Wohnungseigentümer auf die Rücklage als Einnahmen darzustellen und zusätzlich auch die geschuldeten Zahlungen anzugeben.

Nach Maßgabe dieses Urteils sollen die Wohnungseigentümer aus ihrer Abrechnung erkennen können, wer wie viel auf die Instandhaltungsrücklage bezahlt hat. Der BGH verfolgt mit dieser Entscheidung das Ziel, die → Gesamtabrechnung transparenter zu machen.

Instandsetzung

Zu den Grundsätzen einer → ordnungsgemäßen Verwaltung gehört auch die Werterhaltung der Baulichkeiten und der Gebäudeteile. Diesem Ziel dient die Instandsetzung.

Instandsetzung

Der Begriff „Instandsetzung" wird im WEG nicht näher definiert. Unter Instandsetzung wird regelmäßig die Behebung von bereits eingetretenen Schäden verstanden. Zur Begriffsdefinition gehört auch, dass das Auftreten von Instandsetzungsmaßnahmen ungewiss und unregelmäßig ist oder durch eventuell unterlassene → Instandhaltung oder durch die Einwirkung von Dritten entstanden ist. Im Gegensatz zur Instandsetzung versteht man unter Instandhaltung die Maßnahmen, die getroffen werden, um Schäden an Baulichkeiten zu verhindern. Geht eine Maßnahme über die ordnungsmäßige Instandsetzung hinaus, reicht ein „einfacher" → Mehrheitsbeschluss nicht aus. Bei → baulichen Veränderungen (§ 22 Abs. 1 WEG) ist ein → „allstimmiger" Beschluss (→ Allstimmigkeit) erforderlich und bei modernisierenden Instandsetzungsarbeiten bzw. → Anpassungen an den Stand der Technik sind → qualifizierte Mehrheitsbeschlüsse erforderlich.

Die Kosten für die Durchführung von Instandsetzungs- und Instandhaltungsmaßnahmen sind von allen Eigentümern im Verhältnis ihres Miteigentumsanteils (→ Miteigentumsquote; § 16 Abs. 2 WEG) zu tragen, wenn nicht eine abweichende → Vereinbarung getroffen worden ist. Die Eigentümer haben das Recht, im konkreten Einzelfall – nicht generell – die Kostenverteilung durch qualifizierten Mehrheitsbeschluss zu regeln, wenn der abweichende Maßstab den Gebrauch oder die Möglichkeit des Gebrauchs angemessen berücksichtigt. Der Beschluss bedarf dann einer Drei-Viertel-Mehrheit aller stimmberechtigten Eigentümer und mehr als der Hälfte der Miteigentumsanteile (§ 16 Abs. 4 WEG).

Jahresabrechnung

Es gehört zu den Pflichten eines → Verwalters einer Wohnungseigentumsanlage, jeweils nach Ablauf eines Kalender- oder Wirtschaftsjahres eine Jahresabrechnung (→ Gesamtabrechnung) zu erstellen.

Diese Verpflichtung ergibt sich einerseits aus dem Verwaltervertrag, aus § 28 Abs. 3 WEG sowie gemäß §§ 675, 666, 259 BGB.

Die zu erstellende Abrechnung ist übersichtlich, verständlich und nachprüfbar zu gestalten. Dabei hat der Ersteller der Jahresabrechnung die Grundsätze ordnungsgemäßer Buchführung zu beachten – so die Anforderungen der Rechtsprechung.

Die Angaben in den → Einzelabrechnungen dienen zur Feststellung von Überschüssen oder eventuellen Fehlbeträgen der jeweiligen → Sondereigentümer. Die Abrechnung ist so zu gliedern und darzustellen, dass die Wohnungseigentümer sie ohne große Probleme verstehen können.

Weiter ist zu bedenken, dass die Jahresabrechnung gemäß § 28 Abs. 3 WEG kein Jahresabschluss im Sinne einer Bilanz oder Gewinn- und Verlustrechnung darstellt. Die Jahresabrechnung ist eine reine Einnahmen- und Ausgabenberechnung. Aus dieser sind die Ergebnisse für die einzelnen Wohnungseigentümer in der aus der → Gesamtabrechnung abgeleiteten → Einzelabrechnung zu entnehmen.

Die Mindestangaben sollten zum besseren Verständnis näher erläutert werden. Zahlenmäßig dargestellt werden müssen alle Ausgaben, geordnet nach den einzelnen Kostenarten wie → Betriebskosten, → Instandhaltungskosten, → Verwalterhonorar. Zudem müssen sich aus der Jahresabrechnung sämtliche Einnahmearten ergeben, das heißt die → Hausgeldzahlungen der einzelnen Wohnungseigentümer sowie die sonstigen Einnahmen, zum Beispiel aus Miet-, Pacht- und Zinserträgen oder auch Versicherungsleistungen. Nachzahlungen der Sondereigentümer aus dem Vorjahr gehören ebenso in die Darstellung.

Außerdem sollten die Vermögenswerte dargestellt werden, insbesondere der Habenstand der → Instandhaltungsrücklage und die Darstellung der diversen Geldanlagen (z. B. Festgelder). Die

Zahlungen der Wohnungseigentümer auf die → Instandhaltungsrücklage sind gesondert auszuweisen.

Kein erforderlicher Bestandteil der Jahresabrechnung ist die Darstellung von Forderungen der → Wohnungseigentümergemeinschaft gegen einzelne Wohnungseigentümer oder außenstehende Dritte. Genauso wenig gehört in die Jahresabrechnung eine Aufstellung über Forderungen der einzelnen Wohnungseigentümer gegen die Gemeinschaft, zum Beispiel auf Auszahlung von Guthaben der Vorjahresabrechnungen. Eine solche Darstellung ist aber in aller Regel innerhalb einer Jahresabrechnung wünschenswert, damit sich die Wohnungseigentümer ein Bild über den tatsächlichen Vermögensstand der Gemeinschaft machen können und welche Forderungen noch zu realisieren bzw. zu begleichen sind. Darin ist auch aufzunehmen, wie hoch etwa der Heizölbestand ist. Der Heizölbestand stellt schließlich einen Vermögenswert dar.

Die zuletzt genannten Punkte gehören jedoch nicht in die eigentliche Jahresabrechnung.

Kabelfernsehen

Bei einem Anschluss an das Breitbandkabelnetz ist es möglich, ein wesentlich erweitertes Fernseh- und Radioprogramm individuell zu empfangen (→ Breitbandkabel). Man spricht landläufig vom „Kabelfernsehen". Die Vorteile des Kabels sind darin zu sehen, dass über das Kabel weitaus mehr Programme empfangen werden können als mit einer herkömmlichen Gemeinschaftsantenne auf dem Dach eines Anwesens. Anders verhält es sich bei SAT-Anlagen und Internetanschluss.

Der Kabelanschluss bietet darüber hinaus die Möglichkeit, Hörfunkprogramme aus größeren Entfernungen in Stereoqualität zu empfangen. Feststehen dürfte, dass die Entscheidung, innerhalb einer Wohnungseigentümeranlage von einer Gemeinschaftsantennenanlage auf eine Kabelfernsehanlage umzurüsten, einen → Beschluss der Eigentümer erforderlich macht. Eine solche Maßnahme ist als → modernisierende Instandsetzung zu qualifizieren und bedarf daher gemäß § 22 Abs. 2 WEG eines Beschlusses mit einer → qualifizierten Mehrheit.

Kopfprinzip

Grundsätzlich hat jeder Wohnungseigentümer eine Stimme in der → Eigentümerversammlung, gleichgültig, wie viele Miteigentumsanteile er besitzt.

Es gilt grundsätzlich nicht das „Objektprinzip", was bedeuten würde, dass ein Wohnungseigentümer, der mehrere Wohnungen in einer Wohnungseigentumsanlage hat, auch mehrere Stimmen hätte.

Soweit das Wohnungseigentum mehreren gemeinschaftlich zusteht (z. B. Ehegatten oder Erbengemeinschaften), müssen sich die Miteigentümer intern einigen, wie sie das Stimmrecht in einer Versammlung ausüben.

In → Gemeinschaftsordnungen bzw. in → Teilungserklärungen kann auch geregelt sein, dass jeder Miteigentumsanteil eine Stimme gibt, so dass die Größe der → Miteigentumsanteile bei den Abstimmungen eine Rolle spielt.

Gibt es Abstimmungen nach § 16 Abs. 4 Nr. 2 WEG (Erfordernis einer → qualifizierten Mehrheit), ist hier immer das Kopfprinzip gemeint. Dies erfolgt aufgrund der Verweisung nach § 25 Abs. 2 WEG: „Jeder Wohnungseigentümer hat eine Stimme."

Die Drei-Viertel-Mehrheit bestimmt sich nach den Köpfen und nicht nach den Miteigentumsanteilen.

Wird das im Gesetz postulierte Kopfprinzip nicht beachtet, ist der → Beschluss nicht nichtig, sondern nur anfechtbar (→ Anfechtungsklage).

Es kommt auch bei der qualifizierten Mehrheit nicht darauf an, wie viele Wohnungseigentümer in der Versammlung erschienen sind, sondern die Drei-Viertel-Mehrheit bestimmt sich nach Maßgabe „aller stimmberechtigten Wohnungseigentümer", auch derjenigen, die nicht anwesend sind.

Beispiel:

Bei elf Wohnungseigentümern (= elf „Köpfe") ergibt sich rechnerisch eine Drei-Viertel-Mehrheit von 8,25, so dass auf neun aufgerundet werden muss, denn acht Stimmen wären weniger als Drei-Viertel. Somit wäre eine Abstimmung gültig, wenn von den elf „Köpfen" neun dafür stimmen und diese neun Eigentümer mindestens 50 Prozent der → Miteigentumsanteile inne haben.

Kosten der Unterkunft

Wohnen kostet Geld, deshalb ist die Antwort auf die Frage, wie bringe ich die Finanzmittel für das Wohnen, sei es in einer Mietwohnung oder in einer Eigentumswohnung, sei es in einer Wohngemeinschaft oder Seniorenresidenz (nur um einige Beispiele zu nennen), auf, ganz elementar für den Betroffenen, gleichgültig, wie alt er ist.

Bei alten Menschen, die entweder eine Altersrente oder eine Pension beziehen, sind die Finanzmittel, wenn kein größeres Vermögen in der Hinterhand ist, überschaubar und vor allem in der Regel auch nicht mehr zu steigern. Oft reichen die regelmäßigen Einnahmen zur Aufbringung der Miete und der Nebenkosten nicht aus, selbst wenn man in der eigenen Eigentumswohnung „mietfrei" lebt, kann es zu Problemen bei der Finanzierung der laufenden → Hausgelder kommen, insbesondere bei hohen → Sonderumlagen.

Hier helfen, wenn die Voraussetzungen gemäß § 6 Abs. 2 Satz 1 Nr. 2 SGB II gegeben sind, die Kommunen aus, indem sie die „Kosten der Unterkunft und Heizung" ganz oder teilweise übernehmen. Allerdings werden nur die „angemessenen" Kosten übernommen. Was ist darunter zu verstehen? Es kommt auf den jeweiligen Einzelfall an, wobei zum Beispiel die Anzahl der Personen im Haushalt und die soziale Integration in der Nachbarschaft zu berücksichtigen sind.

Neben den reinen Unterkunftskosten werden auch die → Heizkosten übernommen sowie die Nebenkosten (→ Betriebskosten), soweit sie vom Vermieter umgelegt werden dürfen. Die individuellen Stromkosten (nicht der „Allgemeinstrom" für die Hausflurbeleuchtung und Kellerbeleuchtung) gehören normalerweise nicht dazu, da diese Kosten schon in der sozialrechtlichen „Regelleistung" mit enthalten sind.

Der Antragsteller sollte sich bei seiner Kommune erkundigen, ob er bei einem notwendigen Umzug die Wohnungsbeschaffungskosten (Mietkaution, Spedition, Anpassung von Küchenmöbeln) erstattet bekommt. Diese werden in der Regel übernommen, wenn die Kommune vorher dem Umzug, der vielleicht aus krankheits- oder altersbedingten Gründen notwendig ist, zugestimmt hat. Als Grund für die Übernahme der Wohnungsbeschaffungskosten könnte auch der Umzug in eine „Seniorenwohngemeinschaft" oder in eine andere Wohnform des gemeinsamen Wohnens im Alter gelten. Dies kann jedoch nur individuell geklärt werden.

Kosten der Verwaltung

§ 16 Abs. 3 WEG räumt den Wohnungseigentümern die Befugnis ein, auch die „Kosten der Verwaltung" (Anmerkung: im Gesetzestext steht nicht „Kosten des Verwalters") durch → Mehrheitsbeschluss abweichend zu regeln. Damit sind nicht nur das Verwalterentgelt gemeint, sondern auch Ausgaben, die nicht unter den mietrechtlichen Begriff → „Betriebskosten" gemäß der Betriebskostenverordnung fallen.

Zu den Kosten der Verwaltung gehören beispielsweise Kontoführungsgebühren, → Rechtsanwaltsgebühren im Zusammenhang mit außenstehenden Dritten wie Heizöllieferanten oder Versorgungsunternehmen sowie Kosten für die Anmietung von Versammlungsräumen, zur Abhaltung der → Eigentümerversammlung.

Kosten des Wohnungseigentumsverfahrens

Die Kosten eines Verfahrens nach § 43 WEG gehören nicht zu den → Kosten der Verwaltung im Sinne des § 16 Abs. 2 WEG. Die Wohnungseigentümer sollten bei der Erstellung einer → Jahresabrechnung darauf achten, dass der → Verwalter diese Vorschrift einhält.

Dabei sind drei verschiedene Sachverhalte auseinanderzuhalten:

Wird beispielsweise die → Wohnungseigentümergemeinschaft von einem außenstehenden Dritten (z. B. Heizöllieferant, Handwerker) auf Zahlung verklagt, muss dieser die gesamte Wohnungseigentümergemeinschaft als Verband in Anspruch nehmen. Das Gericht wird in der ersten oder zweiten Instanz letztendlich über die Kostentragungspflicht zu entscheiden haben. Verliert die Wohnungseigentümergemeinschaft das Verfahren, muss sie dem außenstehenden Dritten alle Kosten erstatten (→ Rechtsanwaltsgebühren, → Gerichtskosten, evtl. Sachverständigenkosten). Das ist eine Ausgabe, welche im Rahmen der → Jahresabrechnung zu berücksichtigen und grundsätzlich nach der → Miteigentumsquote auf die einzelnen → Sondereigentümer nach ihrem jeweiligen Anteil zu verteilen ist – es sei denn, es ist ein anderer Beschluss gefasst worden oder in der → Teilungserklärung eine andere Regelung enthalten. Das ist soweit unproblematisch.

In der zweiten Variante geht es um sogenannte → Anfechtungsklagen. Ficht ein einzelner Wohnungseigentümer einen Beschluss der → Wohnungseigentümergemeinschaft an, ist nicht der Gesamtverband der Wohnungseigentümergemeinschaft der Gegner des einzelnen Eigentümers, sondern jeder einzelne Wohnungseigentümer. Entscheidet nunmehr das Gericht nach Obsiegen oder Verlieren, dass zum Beispiel der einzelne Wohnungseigentümer, der angefochten hat, sämtliche Kosten zu tragen hat, bedeutet das, dass der einzelne Wohnungseigentümer seine eigenen →

Rechtsanwaltsgebühren, die von ihm verauslagten Gerichts- und eventuell Sachverständigenkosten zu tragen und den übrigen Wohnungseigentümern die Kosten zu erstatten hat. Die übrigen Wohnungseigentümer hatten selbst auch Kosten, die sie ausgegeben haben. Diese Ausgabe darf aber nicht auf alle Wohnungseigentümer nach ihren Miteigentumsanteilen verteilt werden, sondern nur auf die Wohnungseigentümer, die den Beschluss nicht angefochten haben. Ansonsten würde der anfechtende Wohnungseigentümer mit seinem → Miteigentumsanteil die entstandenen Kosten sozusagen doppelt bezahlen.

Zuletzt gibt es interne Fälle, in denen ein einzelner Eigentümer seine → Hausgelder oder → Sonderumlagen nicht bezahlt. Hier verklagt die → Wohnungseigentümergemeinschaft den einzelnen Wohnungseigentümer auf Zahlung. Die Kosten, die die Gemeinschaft für dieses Verfahren ausgibt, sind Kosten des Verbands und somit auf alle Wohnungseigentümer zu verteilen. Sollte der einzelne Wohnungseigentümer das Verfahren verlieren und muss der Wohnungseigentümergemeinschaft die Kosten ersetzen, kommt ihm auch mit seinem → Miteigentumsanteil sein Anteil wieder zugute.

Ladungsmangel

Dabei handelt es sich um einen Begriff, der verkürzt darstellt, dass bei der Einladung zur → Eigentümerversammlung ein oder mehrere Fehler passiert sind. Zum Beispiel kann die Einladungsfrist nicht eingehalten worden sein. Nach Maßgabe von § 24 Abs. 4 Nr. 2 WEG soll die Ladungsfrist bei einer ordentlichen Eigentümerversammlung mindestens zwei Wochen betragen. Bei einer außerordentlichen Eigentümerversammlung kann auf diese Frist in der Regel verzichtet werden.

Als weiterer Fehler bei der Einladung kann zum Beispiel eine fehlerhafte Adresse eines Eigentümers Folgen für die Beschlussfassung haben. Es wurden vielleicht nicht alle Eigentümer eingeladen und ein weiterer Einladungsmangel stellt sich dahingehend dar, dass die → Tagesordnung nicht genau bezeichnet ist.

Ein Verstoß gegen die Ladungsfrist stellt sich immer dann als beachtlich dar und ist im Falle der Anfechtung (→ Anfechtungsklage) vom Amtsgericht zu berücksichtigen, wenn die Beschlussfassung auf diesem Fehler bzw. Mangel beruht. Dabei reicht es aus, dass sich der Mangel auf das Ergebnis der Beschlussfassung ausgewirkt haben kann. Wenn also die Ladungsfrist nicht eingehalten war und der betreffende Eigentümer deswegen nicht kommen konnte, wirkt sich das eventuell auf die Beschlussfassung aus. Wäre er nämlich dagewesen, hätte er auf die Entscheidungsfindung der einzelnen Eigentümer durch sein Rederecht Einfluss nehmen können. Wenn er aber trotz fehlerhafter Einladung anwesend war, wirkt sich dieser Ladungsmangel nicht aus.

Landgericht

Nach § 72 Abs. 2 GVG ist für die Binnenstreitigkeiten der Wohnungseigentümer untereinander gemäß § 43 Nr. 1 bis 4 und Nr. 6 WEG das Landgericht am Sitz des Oberlandesgerichts gemeinsames Berufungs- und Beschwerdegericht für das Gebiet, in der die Immobilie gelegen ist, also eine „zentrale" zweite Instanz.

Für Außenstreitigkeiten nach § 43 Nr. 4 WEG (Klagen Dritter gegen die Gemeinschaft oder gegen einzelne Wohnungseigentümer) ist, wie sonst auch, die Rechtsmittelzuständigkeit vom Beschwerdewert abhängig. Maßgeblich sind die §§ 119 Abs. 1 Nr. 2 und 72

Abs. 1 GVG. Bei Streitwerten bis zu 5.000 Euro ist im Regelfall die Berufungszuständigkeit beim Landgericht, bei höheren Werten liegt die Zuständigkeit beim Oberlandesgericht.

Lastschriftverfahren

In § 27 Abs. 7 WEG wird den Wohnungseigentümern die → Beschlusskompetenz für bestimmte Verwaltungsangelegenheiten eingeräumt mit der Folge, dass nunmehr Beschlüsse mit einfacher Stimmenmehrheit in der → Eigentümerversammlung gefasst werden können, die folgende Themen betreffen:

- Art und Weise von Zahlungen
- Fälligkeit von Forderungen
- Folgen des Zahlungsverzugs
- Kosten für eine besondere Nutzung des gemeinschaftlichen Eigentums

In diesem Bereich können die Wohnungseigentümer mit einfacher Mehrheit beschließen, dass jeder Eigentümer zur Verfahrensvereinfachung des Verwaltungsaufwands am Banklastschriftverfahren zum Einzug des → Hausgelds teilzunehmen hat. Dieses Verfahren vereinfacht die Verwaltertätigkeit.

Nimmt er nicht teil oder weigert er sich, können die Wohnungseigentümer beschließen, dass vom nicht teilnehmenden Eigentümer ein zusätzliches Entgelt für den erhöhten Aufwand zu bezahlen ist, zum Beispiel 2,50 Euro pro Buchung.

Lärmstörungen

Störende Geräusche können das Wohlbefinden oder gar die Gesundheit der Bewohner eines Hauses erheblich beeinträchtigen. Weder der Eigentümer einer Wohnung noch dessen Mieter müssen daher Lärmbelästigungen dulden. Deshalb wird mithilfe von → Hausordnungen versucht, eine Gebrauchsregelung und Anweisung an das Nutzerverhalten zu organisieren, um sich nicht gegenseitig zu stören.

Die Grenzen im Gebrauch der Wohnung sind durch die einfache Tatsache gesetzt, dass jede einzelne Wohnung an eine andere Wohnung angrenzt und dass jeder einzelne Wohnungseigentümer gezwungen ist, sich der gemeinschaftlichen Sache zu bedienen, um die eigene Sache nutzen zu können.

Um Streitigkeiten zwischen den Eigentümern und auch unter den Mietern zu verhindern, ist es daher erforderlich, dass verbindliche Gebrauchsregelungen getroffen werden. Es sollte eine → Hausordnung aufgestellt werden, die zwischen den Eigentümern untereinander gilt, die aber auch von denjenigen Eigentümern, die ihre Wohnungen vermieten, zum Bestandteil des Mietvertrags gemacht wird, damit auch die Mieter an die → Hausordnung, die die Gemeinschaft aufgestellt hat, gebunden sind.

Denn im Rahmen des Gebrauchs des → Sondereigentums, sei es durch den Mieter oder durch den Eigentümer, kann der Gebrauchende diese Sache üblicherweise so benutzen, dass er andere von jeder Einwirkung ausschließt (§ 903 BGB, § 13 Abs. 1 WEG).

Verboten ist jede Form der Nutzung und des Gebrauchs des → Sondereigentums, die geeignet ist, Gebrauch und Nutzungen der gemeinschaftlichen Sachen und Dienste über die Grenzen des eigenen Anteils hinaus herbeizuführen mit der Folge, dass den anderen Miteigentümern der Gebrauch und die Nutzung der gemeinschaftlichen Sachen und Dienste im uneingeschränkten Rahmen ihres Rechts unmöglich gemacht wird.

In diesem Zusammenhang wird auf einen weitverbreiteten Irrtum hingewiesen: Angeblich sei es erlaubt, Familienfeiern, Partys, Geburtstagsfeiern und Ähnliches einmal im Monat laut zu feiern, ohne dass auf andere Hausbewohner (Mieter oder Eigentümer) Rücksicht zu nehmen wäre. Ein solches Recht gibt es nicht.

Alle Bewohner eines Hauses, seien es die Mieter oder die Eigentümer, sind verpflichtet, immer das Ruhebedürfnis der anderen zu respektieren. Radio, Fernsehgeräte und Ähnliches sind immer in Zimmerlautstärke zu betreiben. Dabei versteht man unter Zimmerlautstärke die Lautstärke, die von einer akustischen Quelle ausgeht, die nur in dem Zimmer gehört werden kann, in dem die Quelle steht.

Möchte ein Musikliebhaber den vollen Klang seiner Stereo- bzw. Hi-Fi-Endanlage ausnützen, muss er dies eben über einen Kopfhörer tun oder den Raum so schallisolieren, dass kein ruhestörender Lärm nach außen dringt. Ein Recht zur Störung der anderen Hausbewohner gibt es nicht. Die anderen haben ein Recht auf Ruhe.

Luxussanierung

Die → Wohnungseigentümergemeinschaft hat keine → Beschlusskompetenz für „Luxussanierungen". Luxussanierungen sind dann anzunehmen, wenn die Modernisierungsmaßnahmen eine Umgestaltung der Wohnanlage zur Folge haben, die deren bisherige Eigenart ändert, beispielsweise wenn ein Wintergarten angebaut oder ein Stockwerk aufgesetzt wird.

Von Luxussanierung spricht man dann, wenn die Maßnahme nicht dem üblichen Baustandard von zwei Dritteln innerhalb einer örtlichen Umgebung bzw. der Region entspricht.

Mahnverfahren

Das WEG-Mahnverfahren ist in § 43 Nr. 6 WEG modifiziert geregelt. Die Regelung führt indes im Hinblick auf die Binnenstreitigkeiten des § 43 Nr. 1 bis 4 WEG insofern zu einer Beschränkung der bisherigen Zuständigkeit, als nur noch auf Mahnverfahren abgestellt wird, in denen die → teilrechtsfähige Gemeinschaft der Wohnungseigentümer (Verband) Anspruchssteller ist.

Verfahrensgegenstand sind Zahlungsansprüche. Hierzu gehören beispielsweise rückständige → Hausgelder gegen einzelne Wohnungseigentümer, Nachzahlungen aus beschlossenen → Jahresabrechnungen und rückständige Beiträge aus → Sonderumlagen.

Die → Wohnungseigentümergemeinschaft kann auf diesem Wege reine Geldforderungen vom säumigen Wohnungseigentümer einziehen. Gleichwertig daneben kann selbstverständlich auch das Klageverfahren nach § 43 WEG gewählt werden, wenn mit Widerspruch zu rechnen ist.

Das Verfahren des Mahnbescheids richtet sich maßgeblich nach den Vorschriften der Zivilprozessordnung. Der Antragsgegner hat die Möglichkeit, gegen den Mahnbescheid Widerspruch einzulegen, und zwar innerhalb von zwei Wochen. Wird kein Widerspruch eingelegt, können die Gläubiger, die → Gemeinschaft der Wohnungseigentümer, Erlass eines Vollstreckungsbescheids beim zuständigen Amtsgericht beantragen.

Wird Widerspruch gegen den Mahnbescheid erhoben, fordert das Gericht den Antragsteller (der jetzt Kläger heißt) unter Fristsetzung dazu auf, den Mahnbescheidsantrag entsprechend zu begründen. Das Verfahren wird dann insgesamt in das normale Streitverfahren übergeleitet.

Mehrhausanlage

Es ist nichts Ungewöhnliches, dass eine → Wohnungseigentümergemeinschaft aus unterschiedlich großen Gebäudekomplexen besteht. Man spricht auch von einer Mehrhausanlage. Diese baulichen Besonderheiten sollten in aller Regel in der → Gemeinschaftsordnung oder der → Teilungserklärung eine gewisse Berücksichtigung finden, insbesondere dann, wenn mehrere Gebäude vorhanden sind, die auch unterschiedlich groß sind.

Das Problem der Mehrhausanlage wird meistens deutlich bei der Ansammlung einer → Instandhaltungsrücklage. Für Rücklagen ist nämlich der Grundsatz anerkannt, dass sie nach denselben Kostenanteilen anzusammeln sind, wie später die Ausgaben für die Instandhaltungsmaßnahmen zu verteilen sind. Deswegen ist es sicherlich sinnvoll, bei unterschiedlich großen Gebäuden, die möglicherweise auch noch unterschiedliche Baujahre haben, getrennte Instandhaltungsrücklagen für jedes Haus anzusammeln. Das Dach des einen Gebäudes ist sanierungsbedürftig, das Dach des anderen Gebäudes eben nicht.

Wie sind dann die Kosten zu tragen und vor allem zu verteilen? Das hängt vom jeweiligen Einzelfall ab, eine Richtlinie hierzu hat der BGH in seinem Urteil vom 16.11.2013 (Az. V ZR 9/12) gegeben.

Mehrheitsbeschluss

Damit meint man die einfache Mehrheit der Stimmen, in der Regel nach „Köpfen", bei einer Abstimmung über einen Beschlussantrag in einer → Eigentümerversammlung. Dabei werden nur die anwesenden Stimmberechtigten sowie die Stimmen derjenigen gezählt, die eine Vollmacht einer anderen Person übertragen haben. Gelegentlich ist in → Gemeinschaftsordnungen geregelt, dass jeder Miteigentumsanteil eine Stimme gibt, so dass „große" Wohnungen stimmenmäßig stärker sind.

Davon zu unterscheiden ist die → qualifizierte Mehrheit, wie sie das WEG zum Beispiel in § 16 Abs. 3 WEG (→ Verteilerschlüssel für Betriebskosten) vorgesehen hat.

Andere Stimmrechtsbestimmungen sind denkbar. Dann kommt es darauf an, was in der → Gemeinschaftsordnung geregelt ist.

Miteigentumsquote/Miteigentumsanteil

Die Miteigentumsquote bzw. die Größe der Miteigentumsanteile hat erhebliche Bedeutung für die Lasten des ganzen Grundstücks. Danach wird in der Regel festgelegt, wie die laufenden Kosten (z. B. Heizöl, Beleuchtungsstrom, Hausmeister) auf die einzelnen Wohnungen verteilt werden.

Es sollte sich daher jeder, der sich für den Kauf einer Eigentumswohnung interessiert, danach erkundigen, wie viele Miteigentumsanteile zu „seiner" Wohnung gehören.

Die Miteigentumsanteile werden bei der → Umwandlung eines Anwesens in Eigentumswohnungen für jede Wohnung, meist in unterschiedlicher Höhe, festgelegt. In der Regel wird der Anteil pro Wohnung nach dem Verhältnis zwischen der Wohnfläche der Wohnung (→ Sondereigentum) und der Gesamtfläche des Hauses ermittelt und als Bruchteil angegeben (z. B. 152/1000).

Je größer der Miteigentumsanteil ist, desto mehr muss der Wohnungseigentümer von den laufenden Kosten bezahlen. Das ist der gesetzliche → Verteilerschlüssel. Dieser wird in der → Gemeinschaftsordnung festgelegt. Es kann jedoch auch eine andere Regelung in der → Teilungserklärung festgehalten sein. Es gibt → Wohnungseigentümergemeinschaften, die nicht nur Kosten und Lasten zu tragen haben, sondern auch Einnahmen erzielen. Dies kann beispielsweise durch die Vermietung von Geschäftsräumen der Fall sein. Die Einnahmen sind dann auch regelmäßig entsprechend der Miteigentumsanteile den jeweiligen Wohnungseigentümern gutzuschreiben.

Die Miteigentumsquote ist auch wichtig für das Stimmverhalten in der → Eigentümerversammlung, wenn die Gemeinschaft ein Stimmrecht nach Miteigentumsanteilen gibt. Die Stimme eines Wohnungseigentümers, der eine große Miteigentumsquote in den Händen hält, zählt naturgemäß mehr. Es kann durchaus sein, dass ein Miteigentümer bzw. Wohnungseigentümer, der eine große Miteigentumsquote hat, die anderen Wohnungseigentümer majorisiert.

Schlussendlich bleibt noch darauf hinzuweisen, dass § 1 Abs. 2 und 3 WEG die untrennbare Verbindung des Wohnungs- bzw. → Teileigentums mit einem Miteigentumsanteil am gemeinschaftlichen Grundstück normiert. Das → Sondereigentum kann ohne den zugehörigen Miteigentumsanteil weder veräußert noch belastet werden.

Generell kann gesagt werden, dass der Miteigentumsanteil im Sinne des WEG der rechnerische Bruchteil am gemeinschaftlichen Eigentum einer → Wohnungseigentümergemeinschaft ist.

Modernisierung

Nach der früheren Regelung gemäß § 22 Abs. 1 WEG (alt) waren bauliche Anpassungsmaßnahmen, auch Neuerungen und Anpassungen an veränderte Standards und geänderte Komfortansprüche (unter anderem Anbringung von Markisen, Ersatz der Gemeinschaftsantennen durch Breitbandkabelanschluss, Änderung von Bodenbelägen und Wandanstrichen oder Verkleidungen in gemeinschaftlichen Räumen wie dem Treppenhaus) als → „bauliche Veränderungen" in der Mehrzahl der Fälle nur mit Zustimmung aller Eigentümer (→ Allstimmigkeit) möglich. Die von der Rechtsprechung als mehrheitsfähig anerkannten → modernisierenden Instandsetzungen knüpfen einschränkend grundsätzlich daran an, dass eine → Instandsetzung ohnehin oder in Kürze notwendig sein muss.

Um hier den Wohnungseigentümern einen größeren Entscheidungsspielraum zu schaffen, können die Wohnungseigentümer seit der WEG-Novelle mit → qualifizierter Mehrheit Maßnahmen zur Modernisierung und zur → Anpassung an den Stand der Technik beschließen, selbst wenn eine Instandsetzungsbedürftigkeit noch nicht gegeben ist.

Voraussetzung hierfür ist ein → qualifizierter Mehrheitsbeschluss von drei Viertel aller Eigentümer, berechnet nach der Mehrheit der Köpfe (→ Kopfprinzip), und zusätzlich mehr als die Hälfte der von ihnen repräsentierten Miteigentumsanteile (→ Miteigentumsquote).

Die Regelung gemäß § 22 Abs. 2 WEG erfasst nun alle Maßnahmen, die über die → Instandhaltung sowie die (auch modernisierende) → Instandsetzung hinausgehen und zur nachhaltigen Erhöhung des Gebrauchswerts, der dauerhaften Verbesserung der Wohnverhältnisse oder der Einsparung von Energie und Wasser oder zur Anpassung an den Stand der Technik geboten sind. Insbesondere wird auf den Begriff der Modernisierung im Sinne des § 559 Abs. 1 BGB verwiesen.

Einem einzelnen Eigentümer wird ein Anspruch auf Modernisierungsmaßnahmen, anders als bei → Instandhaltungs- und → Instandsetzungsmaßnahmen, nicht eingeräumt, es sei denn, die von ihm geplante Maßnahme beeinträchtigt keinen der übrigen Eigentümer.

Modernisierende Instandsetzung

Modernisierende Instandsetzungen sind in Wahrheit → bauliche Veränderungen, denn bei einer modernisierenden Instandsetzung beschränkt sich die Baumaßnahme nicht nur darauf, den bisherigen Zustand durch Reparatur oder Instandsetzungsarbeiten wieder ordnungsgemäß herzustellen. Es tritt vielmehr eine bauliche Verbesserung ein.

Eine solche Maßnahme kann nach § 22 Abs. 2 WEG mit einer → qualifizierten Mehrheit durch die Wohnungseigentümer beschlossen werden, wenn es sich um eine Modernisierung im Sinne von § 559 Abs. 1 BGB (mietrechtliche Vorschrift) handelt und die Eigenart der Wohnanlage nicht ändert. Auch eine → Anpassung an den Stand der Technik ist möglich.

Monatsfrist

Zur Erhebung einer → Anfechtungsklage (→ Anfechtung) gegen → Beschlüsse der Wohnungseigentümer, die auf einer → Eigentümerversammlung gefasst wurden, hat der Anfechtende maximal einen Monat Zeit (§ 46 Abs. 1 Satz 2 WEG). Es handelt sich um eine Ausschlussfrist (→ Notfrist), so dass eine zu spät erhobene Klage unzulässig ist. Gegebenenfalls kann man noch einen Auftrag auf → „Wiedereinsetzung in den vorigen Stand" (§§ 233 bis 238 ZPO) stellen, falls die Säumnis unverschuldet war. Die → Anfechtungsklage muss dann noch innerhalb zweier Monate, gerechnet ab dem Tag der Beschlussfassung, begründet werden (§ 46 Abs. 1 Satz 2 WEG).

Die Monatsfrist gilt nicht, wenn der → Beschluss der Wohnungseigentümerversammlung gegen eine Rechtsvorschrift verstößt, auf deren Einhaltung rechtswirksam nicht verzichtet werden kann. Solche → nichtigen Beschlüsse können auch noch nach Verstreichen der Monatsfrist für ungültig erklärt werden; es müsste dann aber eine Feststellungsklage erhoben werden.

In seinem Urteil hat der BGH nochmals die Voraussetzungen für eine Feststellungsklage definiert:

BGH vom 13.01.2010, Az. VIII ZR 351/08

Ein rechtliches Interesse an einer alsbaldigen Feststellung des Bestehens oder Nichtbestehens eines Rechtsverhältnisses ist nur dann gegeben, wenn dem Recht oder der Rechtslage des Klägers eine gegenwärtige Gefahr der Unsicherheit droht und wenn das erstrebte Urteil geeignet ist, diese Gefahr zu beseitigen.

Diese Entscheidung wurde zwar für Mietverhältnisse getroffen, lässt sich aber problemlos auf das Wohnungseigentumsrecht sinngemäß anwenden. Falls ein Wohnungseigentümer der Auffassung ist, ein Beschluss sei nichtig, muss er gute Argumente dafür haben, sonst ist seine Klage eventuell unzulässig.

Klageanträge, für die die Monatsfrist gilt, sind zum Beispiel:

- Ungültigkeitserklärung von Beschlüssen der Wohnungseigentümerversammlung
- Feststellung, dass der Beschluss mit anderem Inhalt gefasst wurde, als protokolliert worden ist
- Protokollberichtigung, weil der Beschluss falsch protokolliert wurde

Nachforderungen

Hinter diesem „Stichwort" verbirgt sich ein Problem, das in der Praxis häufig vorkommt, nämlich, wer das → Hausgeld bezahlen muss, wenn die Eigentumswohnung im Laufe eines Abrechnungsjahres veräußert wird und ein neuer Eigentümer im → Grundbuch eingetragen wird.

Der BGH hat am 21.04.1988 folgenden Leitsatz aufgestellt:

> §
>
> **BGH vom 21.04.1988, Az. V ZB 10/87**
>
> Für Verbindlichkeiten der Wohnungseigentümer untereinander, die in der anteilsmäßigen Verpflichtung zum Tragen der Lasten und Kosten (§ 16 Abs. 2 WEG) wurzeln, haftet der Erwerber einer Eigentumswohnung auch dann, wenn es sich um Nachforderungen aus Abrechnungen für frühere Jahre handelt, sofern nur der Beschluss der Wohnungseigentümergemeinschaft, durch den die Nachforderungen begründet wurden (§ 28 Abs. 5 WEG), erst nach dem Eigentumserwerb gefasst worden ist.

Der BGH begründet seine Entscheidung damit, dass keine zwingenden Gründe vorhanden seien, die im Gesetz vorgezeichnete Verteilung der Lasten und Kosten im Wege der richterlichen Rechtsfortbildung zu korrigieren (§ 16 WEG). Diese gängige Rechtsprechung ist auch durch die teilweise Neufassung des § 16 WEG im Zuge der WEG-Novelle nicht tangiert, sondern gilt nach wie vor und ist von den Instanzgerichten zu beachten.

Angesichts dieser Rechtsprechung empfiehlt es sich, in den Fällen des rechtsgeschäftlichen Erwerbs von Wohnungseigentum vertragliche Regelungen zu treffen, die einen gerechten Interessenausgleich zwischen Veräußerer und Erwerber gewährleisten. Hierauf ist bei der notariellen Beurkundung zu achten.

Nachhaftung

§ 10 Abs. 8 Satz 1 WEG ordnet die Nachhaftung ausgeschiedener Wohnungseigentümer entsprechend § 160 HGB an. In Anlehnung an das Gesellschaftsrecht bedeutet das:

Hat ein Wohnungseigentümer sein → Sonder- oder → Teileigentum veräußert, haftet er neben dem Erwerber ab dem Zeitpunkt der Eintragung des Rechtsnachfolgers im → Grundbuch fünf Jahre lang für sämtliche Verbindlichkeiten, die während seiner Mitgliedschaft in der → Wohnungseigentümergemeinschaft entstanden sind.

Die Haftung des ausgeschiedenen Wohnungseigentümers ist auch hier der Höhe nach begrenzt auf den Miteigentumsanteil, den er früher hatte. Unabhängig hiervon läuft natürlich auch die regelmäßige Verjährung von drei Jahren, so dass das Haftungsrisiko des ehemaligen Wohnungseigentümers eher als gering anzusehen ist.

Nebenintervention

In § 27 Abs. 1 Nr. 7 WEG ist die Verpflichtung des → Verwalters geregelt, die Wohnungseigentümer über alle anhängigen Rechtsstreitigkeiten zu unterrichten. Diese → Informationspflicht ist erforderlich, damit ein Mitglied der → Wohnungseigentümergemeinschaft sich entscheiden kann, ob es dem Rechtsstreit als Nebenintervenient beitreten will oder nicht.

Was versteht man darunter? Nebenintervention ist die Beteiligung eines bisher unbeteiligten Dritten an einem Zivilprozess zur Unterstützung einer der Parteien. Die Nebenintervention ist in den §§ 66 bis 71 ZPO geregelt. Sie wird auch Streithilfe genannt.

Hat jemand (Nebenintervenient, Streithelfer, Streitgehilfe) ein rechtliches Interesse am Obsiegen einer der beteiligten Parteien, kann er in jeder Lage des Prozesses, von der Anhängigkeit bis zu einer rechtskräftigen Entscheidung, dem Prozess beitreten. Dazu muss er bei Gericht einen Schriftsatz einreichen, aus dem diese Informationen hervorgehen müssen (§ 701 Abs. 1 ZPO):

- der betroffene Rechtsstreit und die Parteien
- das Interesse, das der Nebenintervenient am Prozess hat
- die Erklärung des Beitritts

Die Intervention bewirkt, dass das rechtskräftige Urteil im Verhältnis zwischen Hauptpartei und Nebenintervenient als richtig gilt (§ 68 ZPO), die Beteiligten in einem etwaigen Folgeprozess bindet. Das gilt für alle tatsächlichen und rechtlichen Feststellungen des Vorprozesses.

Der Nebenintervenient kann die Bindung gegen ihn nur durch die Einrede der schlechten Prozessführung (§ 68 2. Halbsatz ZPO) beseitigen. Dafür muss er beweisen, dass der Rechtsstreit von der

Partei, die er unterstützt hat, vor seinem Beitritt mangelhaft geführt wurde und er selbst dadurch gehindert war, geeignete Angriffs- oder Verteidigungsmittel geltend zu machen. Die Einrede greift nur, soweit der Nebenintervenient keinen Einfluss auf die Feststellungen des Gerichts nehmen konnte.

Der Nebenintervenient wird nicht Partei des Prozesses. Deshalb kann ihm nichts zugesprochen oder aberkannt werden. Das ist Sache eines möglichen Folgeprozesses.

Das Urteil ergeht nur gegenüber den beiden (Haupt-)Parteien. Liegen für den Nebenintervenient allerdings die Voraussetzungen einer notwendigen Streitgenossenschaft vor, ist er Streitgenosse („streitgenössische Nebenintervention“, § 69 ZPO).

Die Kosten der Nebenintervention trägt der Gegner, wenn die unterstützte Hauptpartei obsiegt; verliert hingegen die unterstützte Partei, muss der Nebenintervenient seine Kosten selbst tragen (§ 101 Abs. 1 ZPO).

Negativbeschluss

Es wird nicht selten vorkommen, dass ein einzelner Wohnungseigentümer rechtzeitig vor Durchführung einer → Eigentümerversammlung über den → Verwalter beantragt, bestimmte Themen auf die → Tagesordnung zu setzen, über die ein → Beschluss gefasst werden soll. Hierher gehören beispielsweise der Beschlussantrag auf Abberufung des Verwalters und die Kündigung des Verwaltervertrags.

Sind diejenigen Eigentümer, die mit dem Verwalter „unzufrieden“ sind und dessen Abberufung betreiben, in der Minderheit, laufen sie Gefahr, dass ihr Beschlussantrag von der Mehrheit abgelehnt wird (→ Mehrheitsbeschluss) und eine Abberufung nicht erfolgt. Ein solcher ablehnender Beschluss wird als „Negativbeschluss“ bezeichnet.

Die Eigentümer haben die Möglichkeit, diesen ablehnenden Beschluss anzufechten (BGH vom 23.08.2001, Az. V ZB 10/01). Die → Anfechtungsklage (→ Anfechtung) bewirkt nur die Ungültigerklärung bestimmter Beschlüsse und muss daher mit einem weiteren Antrag verbunden werden, dass die übrigen Wohnungseigentümer verpflichtet sind, einer Abberufung des Verwalters (um im Beispiel zu bleiben) zuzustimmen, weil jeder Wohnungseigentümer zu jeder Zeit den Anspruch auf → ordnungsgemäße Verwaltung gemäß § 21 Abs. 4 WEG verlangen kann:

> **§ 21 Abs. 4 WEG**
>
> Jeder Wohnungseigentümer kann eine Verwaltung verlangen, die den → Vereinbarungen und → Beschlüssen und, soweit solche nicht bestehen, dem Interesse der Gesamtheit der Wohnungseigentümer nach billigem Ermessen entspricht.

Abzugrenzen ist der Negativbeschluss noch vom → Nichtbeschluss: Voraussetzung für die Wirksamkeit eines Beschlusses ist die Verkündung des Beschlusses durch den Versammlungsleiter. Erst mit der Verkündung wird der Beschluss existent (BGH vom 23.08.2001, Az. V ZB 10/01).

Gegen den vorstehend genannten Nichtbeschluss muss daher keine Anfechtungsklage erhoben werden, weil kein Beschluss vorliegt. Sollte der „Nichtbeschluss" aber ausgeführt werden, muss die fristunabhängige Feststellungsklage erhoben werden, dass das Gericht darüber entscheidet, dass der „Nichtbeschluss" nicht ausgeführt werden darf, weil kein Beschluss besteht.

Nichtbeschluss

Um einen → Beschluss der Wohnungseigentümer wirksam zu machen, ist es allein maßgeblich, dass der → Versammlungsleiter den gefassten Beschluss verkündet. Für die Wirksamkeit eines Beschlusses ist weder die Protokollierung als Voraussetzung erforderlich, noch die Aufnahme des Beschlusses in die → Beschluss-Sammlung.

Wird in der Versammlung vergessen, einen Beschluss zu verkünden, lässt sich dieser Mangel nicht mehr heilen. Da die erforderliche Verkündung fehlt, ist der Beschluss damit als nicht existent zu betrachten; man spricht hier von einem „Nichtbeschluss". Dieser braucht auch nicht innerhalb der → Monatsfrist angefochten werden (→ Anfechtungsklage).

Wird der Nichtbeschluss aber in die Tat umgesetzt (das heißt so behandelt, als sei er wirksam), kann es erforderlich sein, dass ein Eigentümer eine Feststellungsklage erhebt mit dem Ziel, dass das Gericht ausspricht, dass kein Beschluss gefasst wurde. In dringenden Fällen kann es geboten sein, durch eine einstweilige Verfügung die Ausführung des Beschlusses zu stoppen.

In einer → Eigentümerversammlung kann auch ein Beschluss gefasst werden, etwas nicht zu beschließen. Ein solcher Nichtbeschluss wäre nicht anfechtbar, da er keine materiell-rechtliche Regelung enthält, sondern nur aussagt, dass keine Regelung getroffen wird.

Nichtige Beschlüsse

Neben den nichtigen Beschlüssen der → Wohnungseigentümergemeinschaft gibt es auch nach § 46 Abs. 1 WEG anfechtbare → Beschlüsse. Wegen der unterschiedlichen Folgen ist eine Unterscheidung zwischen diesen Beschlüssen erforderlich.

Ein nichtiger Beschluss bedarf keiner Ungültigkeitserklärung nach § 10 Abs. 4 WEG. Ein solcher Beschluss ist von vornherein nicht wirksam, er gilt nicht. Niemand muss sich daran halten.

Der Wohnungseigentümer kann sich jederzeit auf die Nichtigkeit berufen; dazu ist keine gerichtliche Feststellung im Verfahren nach § 43 WEG notwendig. Allerdings kann ein Wohnungseigentümer zur Beseitigung der Rechtsscheinwirkung eines ungültigen (= nichtigen) Beschlusses auch dessen Ungültigkeitserklärung durch das zuständige Gericht verlangen, indem er eine Feststellungsklage erhebt.

Nach der rechtskräftigen Feststellung der Nichtigkeit oder der Bejahung der Gültigkeit ist diese Entscheidung des Gerichts für alle Beteiligten bindend.

Ein → Beschluss der Wohnungseigentümergemeinschaft ist beispielsweise nichtig, wenn

- der Beschluss gegen ein gesetzliches Verbot verstößt (§ 134 BGB);
- ein Beschluss völlig unbestimmt ist, in sich widersprüchlich oder sachlich undurchführbar;
- die → Eigentümerversammlung absolut unzuständig ist, zum Beispiel wenn → Sondereigentum in → gemeinschaftliches Eigentum umgewandelt werden soll.

Nichtöffentlichkeit

An einer → Eigentümerversammlung dürfen nur diejenigen Personen teilnehmen, die im → Grundbuch eingetragen sind. Grundsätzlich ist eine Eigentümerversammlung nicht öffentlich.

Neben den Eigentümern dürfen auch sogenannte Stimmrechtsbevollmächtigte (→ Vertretungsvollmacht), die nach der → Teilungserklärung das Stimmrecht in Vertretung eines anderen Eigentümers ausüben dürfen, ebenfalls an der Versammlung teilnehmen. Sollten Minderjährige Eigentümer der Wohnung sein, dürfen die Eltern als legitime Vertreter für ihre Kinder an der Eigentümerversammlung teilnehmen. Gleiches gilt für den Nachlass- oder den Insolvenzverwalter. Auch darf der Verwalter für seine Unterstützung, insbesondere bei großen Eigentümergemeinschaften, Mitarbeiter mitbringen.

Ausnahmsweise darf auch ein Erwerber an der Eigentümerversammlung teilnehmen, wenn der Verkäufer als bisheriger Eigentümer im notariellen Kaufvertrag, der noch nicht vollständig vollzogen ist, den Besitzübergang bzw. die Eintragungsumschreibung beantragt und dem Erwerber Vollmacht für die Teilnahme an der Versammlung gegeben hat.

Nicht teilnehmen dürfen an der nicht-öffentlichen Versammlung zum Beispiel Ehegatten von eingetragenen Eigentümern, wenn sie selbst nicht als Eigentümer eingetragen sind.

Nichtzulassungsbeschwerde

Das Rechtsmittel gegen ein erstinstanzliches Urteil ist die Berufung (zweite Instanz). Rechtsmittel gegen die Berufungsentscheidung ist die Revision (dritte Instanz) zum BGH. Lässt das Berufungsgericht in seiner Entscheidung über Streitigkeiten nach § 43 Nr. 1 bis 4 WEG die Revision vor dem BGH nicht zu, ist gegen diese Entscheidung wiederum das Rechtsmittel der „Nichtzulassungsbeschwerde" (§ 543 ff. ZPO) grundsätzlich möglich.

Niederschrift

Über die von den Wohnungseigentümern in der Versammlung gefassten → Beschlüsse ist eine Niederschrift anzufertigen. Sie ist von dem Versammlungsvorsitzenden und einem der teilnehmenden Wohnungseigentümer sowie von dem Vorsitzenden des

→ Verwaltungsbeirats oder seinem Stellvertreter – jedenfalls wenn ein Verwaltungsbeirat bestellt ist – zu unterschreiben (§ 24 Abs. 6 WEG). Die Niederschrift – so die korrekte Bezeichnung im WEG – wird häufig auch als → Protokoll bezeichnet.

Die Anfertigung der Niederschrift durch den → Verwalter oder den → Versammlungsleiter muss so rechtzeitig erfolgen, im Regelfall spätestens eine Woche vor Ablauf der einmonatigen → Anfechtungsfrist (→ Monatsfrist), dass jeder Wohnungseigentümer von seinem Einsichtsrecht Gebrauch machen kann, um sich über die Inhalte der gefassten Beschlüsse zu informieren und ggf. danach zu entscheiden, ob er von seinem Anfechtungsrecht Gebrauch machen will (→ Anfechtungsklage).

Die → Beschluss-Sammlung kann der Wohnungseigentümer schon deutlich früher einsehen, denn die gefassten Beschlüsse müssen dort unverzüglich eingetragen werden.

Eine Verpflichtung des Verwalters zur Übersendung der Beschlussniederschrift besteht allerdings nicht. Im Verwaltervertrag kann jedoch eine Regelung getroffen werden, die den Verwalter verpflichtet, den Wohnungseigentümern die Niederschrift rechtzeitig vor Ablauf der Anfechtungsfrist zu übersenden.

Die Wirksamkeit der von den Wohnungseigentümern gefassten → Beschlüsse hängt aber nicht von ihrer Aufnahme in die Niederschrift ab. Die Niederschrift ist insoweit nicht Voraussetzung für deren Gültigkeit.

Vielmehr erlangen Beschlüsse der Wohnungseigentümer ihre Rechtswirkung mit der durch den Versammlungsvorsitzenden vorzunehmenden Feststellung und Verkündung des Beschlussergebnisses in der → Eigentümerversammlung (konstitutive Beschlussfeststellung). Selbst die Feststellung eines falschen Ergebnisses aufgrund falscher Stimmenwertung (z. B. Wertung von Stimmenthaltung als Nein-Stimmen) oder falscher Stimmenauszählung (→ Mehrheitsbeschluss) bewirkt nicht die Unwirksamkeit eines Beschlusses, vielmehr ist auch ein „falscher" Beschluss wirksam, wenn er nicht angefochten und durch das Gericht für ungültig erklärt wird.

Notfrist

Mit Notfrist wird eine prozessuale Frist mit besonderen Bedingungen bezeichnet. Die Notfrist kann zum Beispiel nicht durch Parteivereinbarung oder das Gericht verlängert oder verkürzt werden (§ 224 ZPO), weiterhin läuft die Notfrist auch während des Ruhens eines Verfahrens (§§ 251 und 233 ZPO) weiter.

Aufgrund dieser Starrheit der Notfristen wird bei unverschuldetem Versäumen auf Antrag eine → Wiedereinsetzung in den vorigen Stand gewährt (§ 233 ZPO). Notfristen sind grundsätzlich nur solche, die im Gesetz auch als Notfrist bezeichnet werden. Nachfolgend einige Beispiele für Normen, die Notfristen enthalten.

Beispiele:

- § 276 Abs. 1 Satz 1 ZPO: Frist für Anzeige der Verteidigungsbereitschaft
- § 339 Abs. 1 ZPO: Einspruchsfrist gegen Versäumnisurteil
- § 517 ZPO: Berufungsfrist
- § 548 ZPO: Revisionsfrist
- § 46 WEG: Frist zur Erhebung der Anfechtungsklage
- § 46 WEG: Begründung für Anfechtungsklage

Notgeschäftsführung

§ 21 Abs. 2 WEG regelt die sogenannte Notgeschäftsführung:

§ 21 Abs. 2 WEG

Jeder Wohnungseigentümer ist berechtigt, ohne Zustimmung der anderen Wohnungseigentümer die Maßnahmen zu treffen, die zur Abwendung eines dem gemeinschaftlichen Eigentum unmittelbar drohenden Schadens notwendig sind.

Soweit nicht durch → Vereinbarung der Wohnungseigentümer etwas anderes bestimmt ist, steht die Verwaltung des → gemeinschaftlichen Eigentums den Wohnungseigentümern gemeinschaftlich zu.

Eine Notlage ist gegeben, wenn verständige Eigentümer nicht länger warten würden und weder Verwaltung noch Gemeinschaft zur Behebung herangezogen werden kann. Der Wohnungseigentümer kann sodann Aufwendungsersatz gemäß § 16 Abs. 2 WEG, und wenn dessen Voraussetzungen nicht vorliegen, aus dem Rechtsgedanken der Geschäftsführung ohne Auftrag (§§ 683, 684 BGB) die Erstattung seiner notwendigen Kosten verlangen.

Notverwalter

Das Gesetz sieht in § 20 ff. WEG vor, dass entweder die Wohnungseigentümer die Verwaltung des → gemeinschaftlichen Eigentums selbst übernehmen oder dass sie einen → Verwalter bestellen.

Fehlt ein Verwalter, ist in dringenden Fällen bis zur Behebung des Mangels auf Antrag ein Notverwalter durch das Gericht im Wege der einstweiligen Verfügung (§ 935 ff. ZPO) zu bestellen.

Ein Verwalter „fehlt" schon dann, wenn er verhindert ist oder sich hartnäckig weigert, die fragliche Angelegenheit wahrzunehmen. Erst recht kann das Gericht angerufen werden, wenn überhaupt noch kein Verwalter vorhanden, wenn er ausgefallen oder wenn er tatsächlich oder rechtlich (z. B. bei einer Interessenkollision) an der Ausübung seiner Funktion gehindert ist. Jeder Wohnungseigentümer hat einen Anspruch auf Bestellung eines Verwalters, weil dies zur Ordnungsmäßigkeit gehört (§ 21 Abs. 4 WEG).

Antragsberechtigt ist ein Wohnungseigentümer oder ein Dritter, der ein berechtigtes Interesse an der Bestellung eines Verwalters hat (§ 43 Abs. 5 WEG).

Öffnungsklausel

Grundsätzlich können die Wohnungseigentümer abweichend von den Bestimmungen des WEG ihr Verhältnis untereinander gemäß § 10 Abs. 2 Satz 2 WEG durch → Vereinbarung regeln. Diesen Vereinbarungen müssen alle im → Grundbuch eingetragenen Wohnungseigentümer zustimmen (→ Allstimmigkeit). Damit sie im Fall eines Eigentümerwechsels auch gegenüber dem neuen Eigentümer (Sondernachfolger) gelten, bedürfen diese Vereinbarungen dann der Eintragung in das Grundbuch.

Grundsätzlich zulässig sind dabei auch Regelungen zur Abänderung einer Vereinbarung in einer → Teilungserklärung bzw. einer → Gemeinschaftsordnung, wonach spätere Änderungen der abdingbaren Bestimmungen des Wohnungseigentumsgesetzes bzw. abweichend getroffener Vereinbarungen durch mehrheitliche, ggf. auch qualifizierte Beschlussfassung zulässig sind (→ qualifizierte Mehrheit), entgegen der erforderlichen → Allstimmigkeit.

Die Regelungen werden als Öffnungsklausel bezeichnet. Diese Klauseln müssen allerdings hinreichend bestimmt sein, um Rechtswirkungen zu entfalten. Als Voraussetzung für entsprechende Änderungen der → Gemeinschaftsordnung aufgrund einer Öffnungsklausel müssen sachliche Gründe gegeben sein und im Übrigen darf kein Wohnungseigentümer im Fall einer solchen Änderung gegenüber dem früheren Rechtszustand unbillig benachteiligt werden (BGH vom 27.06.1985, Az. VII ZB 21/84).

Ordnungsgemäße Verwaltung

Das Gesetz nennt in § 21 Abs. 5 WEG eine Reihe von Maßnahmen, die einer ordnungsgemäßen Verwaltung entsprechen. Hier seien vor allem genannt:

- die Aufstellung einer → Hausordnung
- die ordnungsgemäße → Instandhaltung und → Instandsetzung des → gemeinschaftlichen Eigentums
- die Ansammlung einer angemessenen → Instandhaltungsrücklage
- die Aufstellung eines → Wirtschaftsplans

Jede Maßnahme der ordnungsgemäßen Verwaltung kann die → Wohnungseigentümergemeinschaft mit einfacher Mehrheit beschließen, sofern nicht die → Gemeinschaftsordnung eine → qualifizierte Mehrheit ausdrücklich vorsieht (→ Öffnungsklausel).

Wohnungseigentümer, die sich nicht an einer solchen Abstimmung beteiligen, dagegen stimmen oder sich der Stimme enthalten, sind an den → Mehrheitsbeschluss gebunden.

→ Bauliche Veränderungen und sonstige besondere Aufwendungen, die nicht mehr als ordnungsgemäße Instandhaltung und Instandsetzung anzusehen sind, bedürfen grundsätzlich eines allstimmigen → Beschlusses aller Wohnungseigentümer (→ Allstimmigkeit).

Das Gesetz ist jedoch abdingbar, so dass die → Gemeinschaftsordnung vorsehen kann, dass auch Beschlüsse über bauliche Veränderungen mit Mehrheit (→ Mehrheitsbeschluss) oder → qualifizierter Mehrheit gefasst werden können.

Im Gegensatz zu den baulichen Veränderungen sind → Instandhaltungs- und → Instandsetzungsmaßnahmen im Rahmen der ordnungsmäßigen Verwaltung zu sehen, wenn sie der Erhaltung oder Wiederherstellung des ursprünglichen, ordnungsgemäßen Zustands oder der Beseitigung anfänglicher Mängel dienen.

Die Frage, was eine ordnungsgemäße → Instandhaltungsmaßnahme ist, ist davon zu unterscheiden, was als bauliche Veränderung zu qualifizieren ist. Als Orientierungsmaßstab gilt, was ein verantwortungsbewusster Hauseigentümer vernünftigerweise zur Werterhaltung seines Eigentums aufwenden würde. Dann spricht man von einer Instandhaltungsmaßnahme.

Folgende Beispiele aus der Rechtsprechung sollen die nicht immer einfache Unterscheidung verdeutlichen:

- Verbesserungen anlässlich notwendiger Reparaturen sind Instandsetzungsmaßnahmen, falls der Mehraufwand nicht wesentlich höher ist gegenüber den Kosten der „Normalreparatur“ (OLG Hamm, ZMR 1998, 188)
- die Umstellung einer Heizungsanlage von Öl- auf Gasversorgung ist bauliche Veränderung, da nach herrschender Meinung Gasversorgung nicht zwingend als sicherer, vorteilhafter und billiger als andere Energiequellen angesehen werden kann (OLG Celle, WuM 93, 89)

- der Einbau von Sicherheitstüren im Fahrstuhl aufgrund allgemein gültiger Sicherheitsvorschriften ist ordnungsmäßige Verwaltung (LG München I, DB 1977, 2231)
- die Anlegung eines baubehördlich vorgeschriebenen Spielplatzes ist ordnungsmäßige Verwaltung (LG Freiburg, ZMR 1979, 382)
- die Anbringung bzw. Änderung von Farbmarkierungen auf Parkplätzen ist ordnungsmäßige Verwaltung (OLG Karlsruhe, MDR 1978, 495)
- die Anbringung eines Windschutzes auf der Dachterrasse ist bauliche Veränderung, da damit das äußere Bild des Gebäudes in einschneidender Weise verändert wird (OLG Frankfurt, ZMR 1994, 381)
- ein im gemeinschaftlichen Treppenhaus eigenmächtig angebrachter Windfang ist bauliche Veränderung (OLG Frankfurt, NZM 1998, 201)
- die Vollverglasung eines Balkons ist bauliche Veränderung (OLG Stuttgart vom 17.09.1979, Az. 8 W 214/79)
- die der Verkehrsberuhigung dienende Verlegung von Betonschwellen in das vorhandene Steinpflaster einer Parkplatzzufahrt ist ordnungsmäßige Verwaltung (KG Berlin, OLGZ 1985, 263)
- die Aufstellung eines Spielhauses und Klettergerüsts auf einer Spielwiese ist ordnungsmäßige Verwaltung (BayObLG, ZMR 1980, 381)
- die Einzäunung eines Grundstücks ist keine bauliche Veränderung, wenn sie sich nach dem Inhalt der Teilungserklärung als Vervollständigung der Wohnanlage darstellt (KG, MDR 1982, 149)
- das Auswechseln von Fenstern und der Einbau einer Sprossenverglasung ist bauliche Veränderung (OLG Frankfurt, Rechtspfleger 1983, 62)
- die Errichtung eines Maschendrahtzaunes zwischen Stellplätzen in einer Wohnungseigentumsanlage ist bauliche Veränderung (BayObLG, NJW-RR 1991, 722)
- die Ersetzung eines schadhaften Zauns durch eine Berberitzenhecke und einen schmiedeeisernen Zaun ist bauliche Veränderung (BayObLG, MDR 1982, 852)

- die Errichtung einer Terrasse, die Ersetzung eines Gartenfensters durch eine Türe und der Anbau eines Balkons sind bauliche Veränderungen (BayObLG, DWW 1984, 22)

Entspricht die Maßnahme ordnungsgemäßer Verwaltung, dann reicht ein einfacher Mehrheitsbeschluss aus, um sie umsetzen zu können.

Parabol-Antenne

Mit einer Satelliten-Empfangsanlage (Schüssel) besteht auch für einzelne Wohnungseigentümer die Möglichkeit, Satellitenprogramme (Hörfunk und Fernsehen) zu empfangen, die nicht an ein Telekommunikationskabel (→ Breitbandkabel) angeschlossen sind.

Bezüglich der nachträglichen Installation einer solchen Parabol-Antenne ist § 22 Abs. 1 WEG zu beachten:

§ 22 Abs. 1 WEG

Bauliche Veränderungen und Aufwendungen, die über die ordnungsmäßige Instandhaltung oder Instandsetzung des gemeinschaftlichen Eigentums hinausgehen, können beschlossen oder verlangt werden, wenn jeder Wohnungseigentümer zustimmt, dessen Rechte durch die Maßnahme über das in § 14 Nr. 1 WEG bestimmte Maß hinaus beeinträchtigt werden.

Die Installation einer Parabol-Antenne stellt die Umgestaltung des Gebäudes dar und ist damit eine → bauliche Veränderung. Darunter versteht man jede über die ordnungsgemäße → Instandhaltung und → Instandsetzung hinausgehende Umgestaltung des → gemeinschaftlichen Eigentums in Abweichung vom → Aufteilungsplan bzw., falls dort keine entsprechenden Angaben vorhanden sind, vom Zustand bei der Entstehung des Wohnungseigentums oder bauliche Veränderungen nach Vornahme von früher zulässigen baulichen Veränderungen.

Die Anbringung einer Parabol-Antenne für die → Wohnungseigentümergemeinschaft ist eine solche Umgestaltung des Gebäudes. Solche Parabol-Antennen sind von außen oft gut sichtbar und verschönern nicht gerade das Gebäude.

Wird nur ein → Mehrheitsbeschluss gefasst und wird dieser nicht innerhalb der → Anfechtungsfrist beim → Amtsgericht angefochten, ist dieser → Beschluss als wirksam anzusehen (→ Zitterbeschluss).

Nach Maßgabe von § 22 Abs. 1 Satz 2 WEG ist die Zustimmung eines Wohnungseigentümers eventuell auch entbehrlich, wenn dieser Wohnungseigentümer nicht beeinträchtigt ist, das heißt, wenn er keine Nachteile erleidet.

Zu einem solchen Nachteil, der den betroffenen Wohnungseigentümer beeinträchtigt, gehört beispielsweise die Änderung des äußeren Erscheinungsbildes der Wohnanlage. Weitergehend kann man sogar sagen, dass jede Änderung des optischen Eindrucks ein Nachteil im Sinne der oben genannten Vorschrift ist; somit ist die Zustimmung auch des „benachteiligten" Eigentümers erforderlich. Es kann unter Umständen schon eine Stimme genügen, zu verhindern, dass eine Parabol-Antenne installiert wird. Es besteht in der Regel ein Allstimmigkeitserfordernis (→ Allstimmigkeit) bei der Anbringung von Parabol-Antennen.

Anders kann die Situation jedoch aussehen, wenn es sich bei der Installation der Parabol-Antenne um eine Instandsetzungsmaßnahme handelt, weil die gemeinschaftliche alte Antennenanlage reparaturbedürftig ist und die Reparaturkosten um ein Vielfaches die Installation einer Parabol-Antenne übersteigen würden. Es handelt sich dann um eine → modernisierende Instandsetzung im Sinne von § 22 Abs. 2 WEG, die mit einer → qualifizierten Mehrheit (drei Viertel nach Köpfen, 50 Prozent nach Miteigentumsanteilen) beschlossen werden kann.

Weiter kann es bei der Installation von Parabol-Antennen zu schwierigen Rechtsfragen kommen, wenn ein Eigentümer seine Wohnung vermietet hat. Der vermietende Eigentümer sitzt in diesem Fall möglicherweise „zwischen allen Stühlen". Einerseits braucht er einen allstimmigen Beschluss (oder eventuell mit → qualifizierter Mehrheit) „seiner" übrigen Wohnungseigentümer, andererseits hat möglicherweise der Mieter einen gerichtlich durchsetzbaren Anspruch gegen den Vermieter auf Anbringung einer SAT-Anlage. Wie soll sich dann der Vermieter verhalten? Darf der einzelne Mieter auf seinem Balkon eine Parabol-Antenne aufstellen und anschließen? Das wird für jeden Einzelfall individuell zu entscheiden sein, da es auf den jeweiligen Mietvertrag ankommt, der in aller Regel eine Klärung bringen wird. Häufig sehen Mietverträge Klauseln vor, nach denen die Anbringung einer Außenantenne nur mit vorheriger Zustimmung des Vermieters erlaubt ist.

Allerdings darf der Vermieter auch dann nicht ohne sachlichen Grund seine Zustimmung zur Anbringung der Parabol-Antenne verweigern.

Es ist davon auszugehen, dass der Vermieter (Wohnungseigentümer) grundsätzlich vorher gefragt werden muss, insbesondere um die Frage zu klären, wo die Parabol-Antenne am Haus oder im Bereich des Balkons angebracht werden kann.

Der Vermieter darf den Wunsch des Mieters auf Anbringung einer Parabol-Antenne nicht aus sachfremden Erwägungen ablehnen. Wenn der Mieter dem Vermieter (Eigentümer) zusichert, dass er sämtliche Kosten übernimmt, die im Zusammenhang mit der Parabol-Antenne entstehen können, ist der Eigentümer zur Zustimmung verpflichtet.

Zu beachten ist auch, welcher Nationalität der Mieter angehört. Wird durch das → Kabelfernsehen das Informationsbedürfnis des Mieters nicht vollständig gedeckt, hat er möglicherweise einen Anspruch gemäß Art. 5 GG (Meinungsfreiheit) auf Zustimmung zur Anbringung der Parabol-Antenne. Die anderen Wohnungseigentümer sind dann eventuell auch zur Zustimmung verpflichtet. Diese Frage lässt sich aber nicht generell beantworten, sondern ist für jeden Einzelfall gesondert zu prüfen.

Passivprozess

Als Passivprozess bezeichnet man ein Gerichtsverfahren aus der Perspektive des Beklagten. Dieser hat den Prozess nicht angestrengt, sondern „erleidet" ihn. Hingegen führt der Kläger einen Aktivprozess.

Der → Verwalter ist in WEG-Verfahren gemäß § 27 Abs. 3 WEG nur im Rahmen eines Passivprozesses verpflichtet, Zustellungen entgegenzunehmen.

Wird ein Prozess aktiv von der → Wohnungseigentümergemeinschaft betrieben, müssen sie sich in der vorhergehenden Entscheidungsfindung auch Gedanken über die Vertretung machen.

Protokoll

Über die in der Versammlung gefassten → Beschlüsse ist eine → Niederschrift aufzunehmen. Die Niederschrift ist von dem Vorsitzenden und einem Wohnungseigentümer und, falls ein → Verwaltungsbeirat bestellt ist, auch von dessen Vorsitzenden oder seinem Vertreter zu unterschreiben. Jeder Wohnungseigentümer ist berechtigt, die Niederschriften einzusehen (§ 24

Abs. 6 WEG). Die Beschlüsse selbst sind in der → Beschluss-Sammlung zusätzlich einzutragen (§ 24 Abs. 7 WEG).

Die Versammlungsniederschrift wird auch Protokoll genannt. Mit der Unterschriftsleistung durch Verwaltungsbeiratsmitglieder bestätigt der Unterzeichner die Richtigkeit des Protokolls und der protokollierten Vorgänge. Die Niederschrift der Eigentümerversammlung soll zum Beweis der gefassten Beschlüsse dienen. In der Niederschrift tauchen auch die → Geschäftsordnungsbeschlüsse auf, die nicht in die → Beschluss-Sammlung gehören, zum Beispiel ein Beschluss auf Begrenzung der Redezeit der Wohnungseigentümer.

Prozesskostenhilfe

Mit dem „Gesetz über die Prozesskostenhilfe" ist das früher sogenannte „Armenrecht" abgelöst worden. Es handelt sich bei der Prozesskostenhilfe um eine Leistung der staatlichen Daseinsfürsorge. Der zuständige Richter bewilligt oder versagt eine staatliche Fürsorgeleistung, übt „Sozialhilfe im Bereich der Rechtspflege" aus. Die Einzelheiten regeln die § 114 ff. ZPO. Wesentlicher Gesichtspunkt ist dabei das „Ratenarmenrecht". Die Ratenzahlung der unvermögenden Partei ist das Grundprinzip der PKH. Nur bei ganz niedrigen Einkommen entfallen die Raten, so dass der Prozess von dieser Partei kostenfrei auf Kosten des Staates geführt werden kann. Das Verfahren ist zwar kostenfrei, birgt aber auch Risiken. Im Fall des Verlustes des Prozesses wird die unterliegende Partei auch im Rahmen der Prozesskostenhilfe nicht davon befreit, der siegenden Partei die entstandenen Kosten zu erstatten. Selbst mit Prozesskostenhilfe kann einer armen Partei der Prozess teuer zu stehen kommen.

Selbstverständlich besteht auch im Rahmen von Wohnungseigentumsverfahren die Möglichkeit, dass der Kläger und/oder der Beklagte Prozesskostenhilfe beim zuständigen Richter beantragen (§§ 114, 117, 119 ZPO). Der Antrag muss allerdings während des Verfahrens und so früh wie möglich gestellt werden; nach Abschluss des Verfahrens kann keine rückwirkende Bewilligung mehr ausgesprochen werden.

Die Prozesskostenhilfe kann auch nicht entzogen werden bei nachträglicher Verbesserung der Vermögensverhältnisse. Allerdings kann das Gericht nachträglich anordnen, dass die gewährte Prozesskostenhilfe in Ratenzahlungen, die auf 48 Monatsraten (§ 115 ZPO) begrenzt sind, zurückbezahlt wird.

Der Staat gewährt ein zinsloses Darlehen. Die Prozesskostenhilfe kann auch nur im gerichtlichen Verfahren gewährt werden, in außergerichtlichen Verfahren ist die Gewährung von Beratungshilfe möglich. Das Recht der Prozesskostenhilfe ist nicht anwendbar bei Schiedsgerichtsverfahren oder notariell beurkundeten → Vereinbarungen oder für die Teilnahme an → Eigentümerversammlungen.

Will ein Beteiligter an einem Wohnungseigentumsverfahren Prozesskostenhilfe für sich beantragen, muss er ein Formular über die persönlichen und wirtschaftlichen Verhältnisse ausfüllen und vorlegen. Erhält der Antragsteller Leistungen nach dem Sozialgesetzbuch, genügt es, wenn er dem Gericht den neuesten Bescheid vorlegt.

Prozess-Standschaft

Grundsätzlich kann nur der Inhaber eines Rechts dieses im eigenen Namen vor Gericht geltend machen. Von Prozess-Standschaft ist die Rede, wenn der Kläger in einem Zivilprozess ein Recht nicht für sich, sondern für einen Dritten geltend macht.

Hierbei geht es nicht darum, dass jemand als → Vertreter für einen anderen auftritt. Bei der Vertretung macht der Vertreter im Namen des Klägers dessen Rechte, bei der Prozess-Standschaft hingegen macht der Kläger Rechte eines Dritten im eigenen Namen geltend.

Eine solche Klage ist jedoch nur zulässig, wenn der Kläger prozessführungsbefugt ist. Das Geltendmachen fremder Rechte ist nur erlaubt, wenn es gesetzlich vorgesehen ist oder der Rechteinhaber dem zustimmt. Ferner müssen ein eigenes rechtliches Interesse und ein wichtiger Grund für die Prozess-Standschaft bestehen. Diese Art zu prozessieren, finden wir häufig in WEG-Sachen: Der → Verwalter tritt für die Wohnungseigentümer auf. Die Befugnis hierzu ergibt sich in der Regel aus einem → Beschluss auf der → Eigentümerversammlung oder aus dem Verwaltervertrag.

Wird beispielsweise im Laufe einer anhängigen → Anfechtungsklage ein neuer Eigentümer im → Grundbuch eingetragen, wird das Verfahren gemäß § 265 Abs. 2 Satz 1 ZPO mit dem „alten" Eigentümer weitergeführt. Er tritt in Prozess-Standschaft für den neuen Eigentümer auf. Soll der neue Eigentümer den Prozess fortführen, müssen die übrigen Wohnungseigentümer zustimmen.

Prozessverbindung

Die Regelung des § 47 WEG trägt dem Umstand Rechnung, dass zwei oder mehr Eigentümer völlig unabhängig voneinander denselben → Beschluss einer → Eigentümerversammlung mit einer eigenen → Anfechtungsklage (und mit unterschiedlichen Begründungen) angreifen oder die Feststellung der Nichtigkeit begehren können (→ Anfechtung).

Um divergierende Entscheidungen bezüglich des gleichen Beschlusses zu vermeiden und aus prozessökonomischen Gründen, sind die verschiedenen Prozesse miteinander zu verbinden. Die Verbindung bewirkt, dass die Kläger der vorher selbstständigen Prozesse als Streitgenossen anzusehen sind.

Qualifizierte Mehrheit

In gängigen Verwaltungsangelegenheiten entscheiden die Wohnungseigentümer normalerweise mit einfacher Stimmenmehrheit (→ Mehrheitsbeschluss). Im Zuge der WEG-Novelle hat der Gesetzgeber auch die Möglichkeit der qualifizierten Mehrheit zu bestimmten Themen eingeführt. Sollten bereits entsprechende Regelungen in der → Gemeinschaftsordnung der jeweiligen → Wohnungseigentümergemeinschaft vorhanden sein, sind diese grundsätzlich vorrangig.

So wird für Änderungen der Kostenverteilung im Zusammenhang mit Maßnahmen der → Instandhaltung und → Instandsetzung eine doppelt qualifizierte Mehrheit verlangt (§ 16 Abs. 4 Satz 2 WEG) und für Beschlüsse bezüglich modernisierender Instandsetzung (§ 22 Abs. 2 Satz 1 WEG).

Zum Schutz der Minderheit ist nicht nur eine Zustimmung einer Mehrheit von drei Viertel aller stimmberechtigten Eigentümer (nach Köpfen, → Kopfprinzip) nötig, sondern es müssen zusätzlich auch mehr als die Hälfte der im → Grundbuch eingetragenen → Miteigentumsanteile dafür stimmen (doppelt qualifizierte Mehrheit).

Der Gesetzgeber geht dabei davon aus, dass ein → Beschluss, der die erforderliche Stimmenzahl nicht erreicht, aber gleichwohl vom Versammlungsleiter als zustande gekommen festgestellt und verkündet wird, nach Ablauf der → Anfechtungsfrist (→ Zitterbeschluss) bestandskräftig wird. Wird ein solcher Beschluss, der vom Versammlungsleiter fälschlicherweise festgestellt und verkündet worden ist, allerdings mit einer → Anfechtungsklage angegriffen, wird das Gericht den Beschluss wegen Verstoß gegen das in diesem Fall geltende Mehrheitsprinzip für unwirksam erklären.

Rangklasse

Wird die → Zwangsversteigerung einer Wohnung oder eines → Teileigentums betrieben, versucht der Gläubiger im Wege der Zwangsvollstreckung seine Forderung gegen den Schuldner (Eigentümer) zu realisieren. Wird das Eigentum im Verfahren einem Dritten zugeschlagen, muss das Versteigerungsgericht dann den Zuschlagserlös am sogenannten Verteilungstermin an verschiedene Gläubiger verteilen.

Die Rangfolge der zu befriedigenden Gläubiger ist in § 10 Abs. 1 ZVG geregelt, wobei nach § 109 ZVG dem Versteigerungserlös zunächst die Vollstreckungskosten (z. B. → Gerichtskosten, Sachverständigenkosten) zu entnehmen sind. Diese Position wird als Rangklasse 0 bezeichnet. Sodann werden in der Rangklasse 1 die Ausgaben der → Zwangsverwaltung zur Erhaltung und eventuell nötigen Verbesserung der Immobilie berücksichtigt.

In der Rangklasse 2 kommen anschließend die fälligen Ansprüche der anderen Wohnungseigentümer auf Zahlung der Beiträge zu den Kosten und Lasten des → gemeinschaftlichen Eigentums oder des → Sondereigentums, die nach §§ 16 Abs. 2 und 28 Abs. 2 bis 5 WEG geschuldet sind, zur Verteilung. Erst in Rangklasse 4 kommen die Grundschuldberechtigten zum Zuge und schließlich in Rangklasse 5 die „persönlichen Gläubiger".

Rechnungslegung

Nach Maßgabe von § 28 Abs. 4 WEG können die Wohnungseigentümer durch → Mehrheitsbeschluss festlegen, dass der → Verwalter jederzeit gegenüber den Wohnungseigentümern zur Rechnungslegung verpflichtet werden kann.

Die Rechnungslegung dient der Kontrolle des Abrechnungswesens des → Verwalters.

Die → Jahresabrechnung dient der Darstellung und dem Nachweis der innerhalb einer Abrechnungsperiode (in der Regel Kalenderjahr) getätigten Ausgaben und Einnahmen.

Die Rechnungslegung ist eine Rechenschaftspflicht des § 259 BGB und stellt eine außerordentliche Abrechnung dar, die nur auf Anforderung der Wohnungseigentümer (→ Mehrheitsbeschluss) zu erteilen ist.

Dabei können die Wohnungseigentümer aber keine → Einzelabrechnung der Gesamtkosten verlangen. Die außerordentliche Rechnungslegung soll den Wohnungseigentümern ermöglichen, die → ordnungsgemäße Verwaltung zu überprüfen.

In der Regel wird eine Rechnungslegung vom → Verwalter nur dann verlangt, wenn der Verdacht von Unregelmäßigkeiten besteht, der Verwalter abberufen wird oder aus sonstigem Grunde ausscheidet. Eine außerordentliche Rechnungslegung können die Wohnungseigentümer dann nicht verlangen, wenn ein bestandskräftiger → Beschluss über die Entlastung der Jahresabrechnung besteht.

Rechtsanwaltsgebühren

Grundsätzlich haben Beteiligte bei einem streitigen Verfahren in Wohnungseigentumssachen die eigenen außergerichtlichen Kosten selbst zu tragen, das heißt das Anwaltshonorar.

Gewinnt eine Partei den Prozess, kann sie im gesetzlichen Rahmen die Anwaltshonorare vom Verlierer erstattet verlangen (§ 91 ZPO).

Um die Kostenbelastung des Unterlegenen nicht unüberschaubar groß werden zu lassen, regelt § 49a GKG eine Streitwertbegrenzung in WEG-Verfahren. Die Streitwerthöhe, die als Berechnungsbasis für die → Gerichtskosten und die Rechtsanwaltsgebühren herangezogen wird, ist doppelt begrenzt: So darf der fünffache Wert des klägerischen Interesses nicht überstiegen werden und der Streitwert darf den Verkehrswert der klägerischen Eigentumswohnung nicht übersteigen.

Die Höhe der Rechtsanwaltsgebühren richtet sich nach dem gerichtlich festgestellten Geschäftswert gemäß § 49a GKG und nach den Grundsätzen des Rechtsanwaltsvergütungsgesetzes (RVG).

Werden, wie in Wohnungseigentumssachen häufig der Fall, mehrere Wohnungseigentümer als Auftraggeber von einem Anwalt vertreten, kann der Anwalt eine Erhöhungsgebühr gemäß Nr. 1008 VV RVG geltend machen. Erteilt jedoch ein → Verwalter oder eine Verwaltungsgesellschaft als gewillkürte Prozesspartei einem Anwalt das Mandat zur Interessenvertretung, ist davon auszugehen, dass es sich im Regelfall nur um einen Mandanten – auch wenn mehrere Eigentümer dahinter stehen – handelt, so dass die Erhöhungsgebühr, die auch „Mehrauftragsgebühr" genannt wird, nicht gefordert werden kann. Das Gleiche gilt, wenn die → Gemeinschaft der Wohnungseigentümer klagt oder verklagt wird und als „eine" Partei auftritt, obwohl sie aus verschiedenen Personen besteht.

Ergänzend ist anzumerken, dass sich die Gebühren des Rechtsanwalts in den Rechtsmittelinstanzen des Wohnungseigentumsverfahrens erhöhen, was sich aus Nr. 3200 VV RVG ergibt. In einem streitigen Urteil muss dann das erkennende Gericht auch über die Kostentragungspflicht gemäß §§ 49, 50 WEG entscheiden.

Rechtsnachfolger

Als Rechtsnachfolge bezeichnet man den Übergang von bestehenden Rechten und Pflichten einer Person auf eine andere („Rechtsnachfolger"). Die Rechtsnachfolge kann auf vertraglicher → Vereinbarung (z. B. Verkauf einer Wohnung) beruhen oder gesetzlich vorgeschrieben sein. Es gibt zwei unterschiedliche Ausprägungen der Rechtsnachfolge:

- die Einzelrechtsnachfolge: die Rechtsnachfolge hinsichtlich eines bestimmten einzelnen Gegenstands oder Rechts
- die Gesamtrechtsnachfolge: der Rechtsnachfolger tritt in alle Rechte und Pflichten seines Vorgängers ein (z. B. Erbschaft)

Richterliche Anordnung

§ 15 Abs. 3 WEG regelt das Recht eines jeden Wohnungseigentümers, dass ihm der zulässige Gebrauch des → Sonder- und → gemeinschaftlichen Eigentums gestattet wird, und bestimmt gleichzeitig, dass sich alle Eigentümer innerhalb der Schranken des erlaubten Gebrauchs halten müssen.

Der Gesetzgeber drückt dies wie folgt aus:

§ 15 Abs. 3 WEG

Jeder Wohnungseigentümer kann einen Gebrauch der im Sondereigentum stehenden Gebäudeteile und des gemeinschaftlichen Eigentums verlangen, der dem Gesetz, den Vereinbarungen und Beschlüssen und, soweit sich die Regelung hieraus nicht ergibt, dem Interesse der Gesamtheit der Wohnungseigentümer nach billigem Ermessen entspricht.

Der genannte Paragraf gibt jedem Wohnungseigentümer die Möglichkeit, im Verfahren der § 43 ff. WEG eine Klage auf eine bestimmte Maßnahme beim zuständigen Gericht (→ Amtsgericht) zu stellen, soweit die obige Materie betroffen ist. Das zuständige Gericht darf dann nach billigem Ermessen entscheiden (§ 21 Abs. 8 WEG).

Durch dieses Verfahren kann jeder Wohnungseigentümer die entsprechende Verwaltungsmaßnahme durch die Anrufung des Gerichts herbeiführen.

§ 15 Abs. 3 WEG stellt den subjektiven Anspruch des Einzelnen heraus. Der Klageantrag geht auf Zustimmung zu dem für angemessen erachteten Gebrauch und auf Anordnung der für angemessen erachteten Maßnahme.

Der Wohnungseigentümer kann eine richterliche Bestimmung über Art und Maß des zulässigen Gebrauchs verlangen. Dieses Verlangen geht auf Aufhebung oder Ergänzung einer → Vereinbarung oder eines → Mehrheitsbeschlusses.

Das Verlangen kann beinhalten, dass Maßnahmen angeordnet werden, die zur Durchführung einer Vereinbarung oder eines wirksamen → Beschlusses erforderlich sind, und der Antrag kann darauf gehen, dass eine bestimmte Verwaltungsmaßnahme angeordnet wird, falls entsprechende Vereinbarungen oder Mehrheitsbeschlüsse für eine bestimmte Sache überhaupt nicht vorhanden sind. Folgendes Beispiel soll dies verdeutlichen:

Beispiel:

Der Wohnungseigentümer eines Zweifamilienhauses bringt über seiner Terrasse eine Überdachung aus gewelltem Kunststoff an, die an mehreren Stellen an der Hauswand verankert ist und auf einer Seite auf einer Stütze ruht. Die Überdachung verändert den Gesamteindruck und das architektonische Aussehen des Hauses.

Das ist eine → bauliche Veränderung im Sinne des § 22 Abs. 2 WEG. Die dargelegte bauliche Veränderung bedarf der Zustimmung des anderen Wohnungseigentümers. Hier kann der „geschädigte" Wohnungseigentümer gemäß § 22 Abs. 1 WEG, § 1004 BGB i. V. m. § 249 BGB Wiederherstellung des früheren Zustands verlangen.

Schäden am Gemeinschaftseigentum

Jeder Wohnungseigentümer hat einen Anspruch auf Durchführung einer → ordnungsgemäßen Verwaltung. § 21 Abs. 4 WEG regelt dies wie folgt:

> **§ 21 Abs. 4 WEG**
>
> Jeder Wohnungseigentümer kann eine Verwaltung verlangen, die den Vereinbarungen und Beschlüssen und, soweit solche nicht bestehen, dem Interesse der Gesamtheit der Wohnungseigentümer nach billigem Ermessen entspricht.

Daraus folgt, dass die Wohnungseigentümer zur → ordnungsgemäßen Verwaltung des → gemeinschaftlichen Eigentums zusammenzuwirken haben. Das gehört zu den allgemeinen Pflichten nach Maßgabe von § 14 WEG.

Aus § 21 Abs. 4 WEG wird auch abgeleitet, dass der einzelne Wohnungseigentümer einen Anspruch darauf hat, dass → Baumängel und Schäden am Gemeinschaftseigentum sachverständig festgestellt werden. Dieser Anspruch wird damit begründet, dass der „geschädigte" Wohnungseigentümer Schadenersatzanspruch gegenüber den anderen Wohnungseigentümern oder auch nur gegen einzelne Wohnungseigentümer hat, wenn die Pflichten zur ordnungsgemäßen Verwaltung, nämlich das Zusammenwirken, verletzt sind.

Die Schadenersatzansprüche können sich dabei sowohl gegen den → Verwalter als auch gegen die anderen Wohnungseigentümer richten, die schuldhaft an der Erfüllung der Zusammenwirkungspflicht nicht mitgewirkt haben.

Lehnen beispielsweise die anderen Wohnungseigentümer oder der → Verwalter eine sachverständige Feststellung von Schäden am → Gemeinschaftseigentum ab, kann der einzelne Wohnungseigentümer, insbesondere in einem dringenden Fall, man denke nur an Feuchtigkeitsschäden, im Rahmen der → Notgeschäftsführung gemäß § 21 Abs. 2 WEG ein Sachverständigengutachten einholen lassen und Ersatz seiner Aufwendungen verlangen.

Die Aufwendungen sind zu ersetzen, unabhängig davon, ob die übrigen Wohnungseigentümer oder der Verwalter den festzustellenden Schaden infolge Unterlassens von Maßnahmen zu vertreten haben oder nicht.

Schriftlicher Beschluss

Auch außerhalb einer → Eigentümerversammlung können einer oder mehrere → Beschlüsse gefasst werden. Das gewährleistet § 23 Abs. 3 WEG. Allerdings sind solche Beschlüsse nur dann gültig, wenn alle Wohnungseigentümer ihre Zustimmung zu diesem Beschluss erteilt haben (→ Allstimmigkeit).

Ein solcher – schriftlicher – Beschluss kann entweder auf Initiative des → Verwalters oder eines einzelnen Wohnungseigentümers ergehen. Der Beschluss ist wirksam, wenn alle Zustimmungserklärungen dem Verwalter zugegangen sind und der Verwalter den Beschluss verkündet hat. Am besten ist es, der Verwalter informiert dann alle Eigentümer schriftlich von der Wirksamkeit des Beschlusses.

Auch ein solcher Beschluss ist anfechtbar (→ Anfechtungsklage). Die Anfechtungsfrist beginnt nicht bereits mit Zugang der letzten Zustimmungserklärung beim Verwalter zu laufen, sondern erst mit Zugang der Mitteilung des Verwalters an die Wohnungseigentümer, dass der Beschluss zustande gekommen ist. Der → Verwalter ist verpflichtet, über das Zustandekommen eines Beschlusses die Wohnungseigentümer unverzüglich zu informieren.

Sicherungshypothek

Verfügt der Gläubiger (z. B. → Wohnungseigentümergemeinschaft) über einen wenigstens vorläufig vollstreckbaren Zahlungstitel (z. B. Urteil, Vollstreckungsbescheid, Vergleich, Urkunde), kann er auf das Immobilienvermögen (z. B. Grundstücke, Wohnungseigentum, → Teileigentum) des Schuldners (= Wohnungseigentümer) zugreifen. Wegen der ihm zustehenden Forderung wird auf seinen Antrag beim zuständigen Vollstreckungsgericht im → Grundbuch eine Sicherungshypothek an rangbereiter Stelle eingetragen.

Damit wird nur eine Sicherung bewirkt, es erfolgt noch keine Verwertung oder Zahlung. Die Verwertung selbst erfolgt mittels der → Zwangsversteigerung oder → Zwangsverwaltung der Wohnung. Gleichwohl empfiehlt sich die Sicherungshypothek dann, wenn die Zwangsversteigerung und/oder Zwangsverwaltung (noch) nicht beabsichtigt sind. Bei einem freihändigen Verkauf muss der Gläubiger befragt werden, ob er einer Löschung der Sicherungshypothek zustimmt oder nicht. Die Zustimmung kann zum Beispiel von der Zahlung der gesicherten Forderung oder zumindest eines Teilbetrags abhängig gemacht werden.

Sondereigentum

Sondereigentum ist das Alleineigentum an einer Wohnung. In Abgrenzung zum → gemeinschaftlichen Eigentum kann man sagen, dass alles, was nicht zu diesem gehört, Sondereigentum ist.

Sondereigentumsfähig sind Nebenräume wie Keller, Speicherräume, Hobbyräume, Garagen, Garagenstellplätze, Nebengebäude.

Des Weiteren bezieht sich Sondereigentum auf gewisse Gebäudebestandteile wie Decken- und Wandverkleidung, Innenputz an den Decken und Wänden, Innenanstrich, Tapeten, Fußbodenbeläge, Innentüren, Bad- und Wascheinrichtungen, die Etagenheizung, Installations-, Versorgungs- und Entsorgungsleitung im Bereich der dem Sondereigentum zugewiesenen Räume.

Das Gesetz sieht zwei Wege vor, Wohnungseigentum zu begründen: einmal durch die vertragliche Einräumung von Sondereigentum und zum anderen durch Teilung eines Grundstücks. Wohnungseigentum kann auch schon vor der Errichtung eines Gebäudes begründet werden, was zumeist bei Bauträgerverträgen der Fall ist.

Sondereigentum soll nur eingeräumt werden und wird dies auch nur in der Praxis, wenn die betreffende Wohnung in sich abgeschlossen ist (→ Abgeschlossenheit). Hierzu ist beispielsweise erforderlich, dass die Wohnung einen eigenen, abschließbaren Zugang vom → Gemeinschaftseigentum oder Nachbargrundstück besitzt (OLG Düsseldorf, NJW-RR 87, 333).

Das Sondereigentum kann allerdings auch aus mehreren in sich abgeschlossenen Raumeinheiten bestehen, die dann nicht als Gesamtheit in sich abgeschlossen sein müssen.

Für die → Abgeschlossenheit ist die Abgrenzung zum Sondereigentum der anderen Wohnungseigentümer und zum Gemeinschaftseigentum entscheidend. An der Abgeschlossenheit fehlt es beispielsweise bei einem gemeinsamen WC mit Zugang von jeder Wohnung.

Ebenso kann an Garagenstellplätzen Sondereigentum begründet werden, da diese als abgeschlossene Räume gelten, wenn ihre Flächen durch dauerhafte Markierungen gekennzeichnet sind. Hingegen ist Sondereigentum an einem Stellplatz, der sich auf oder unter einer Hebebühne befindet, nicht möglich, da dessen Rauminhalt veränderlich ist. Werden Räume, die in gemeinschaftlichem Eigentum stehen, baulich in eine Wohnung einbezogen (z. B. Verbindung des Dachbodens mit einer darunter liegenden Eigentumswohnung durch eine Wendeltreppe), führt dies auch dann nicht kraft Gesetzes zur Entstehung von Sondereigentum, wenn es unverschuldet oder mit Erlaubnis der übrigen Wohnungseigentümer geschieht. In einem solchen Fall müsste mittels → Allstimmigkeit die → Teilungserklärung geändert und im → Grundbuch eingetragen werden.

Sondernutzungsrecht

Ein Sondernutzungsrecht kann dem Wohnungseigentümer im Wege der → Teilungserklärung oder der nachträglichen → Vereinbarung, jeweils verbunden mit der Eintragung im → Grundbuch, eingeräumt werden.

Es beinhaltet das Recht, → gemeinschaftliches Eigentum allein zu gebrauchen. Sondernutzungsrechte gewinnen vor allem dort an Bedeutung, wo → Sondereigentum nicht begründet werden kann, da der betreffende Gebäudeteil unbedingt dem gemeinschaftlichen Gebrauch dient und daher zwingend Gemeinschaftseigentum darstellt (z. B. Gartennutzung).

In dem ganz speziellen Fall der Hebebühnengaragen, an denen wegen der Veränderlichkeit des Raums kein → Sondereigentum begründet werden kann, hilft das Sondernutzungsrecht dem jeweiligen Eigentümer, eine dem Sondereigentum sehr nahekommende Stellung zu erreichen.

Sondernutzungsrechte können nicht nur zum Gebrauch → gemeinschaftlichen Eigentums eingeräumt werden, sondern können sich auch auf das → Sondereigentum eines anderen Miteigentümers beziehen. Neben dem dinglichen Sondernutzungsrecht, das zu seiner Begründung der Eintragung ins → Grundbuch bedarf, gibt es das schuldrechtliche Sondernutzungsrecht, bei dem die Wohnungseigentümer die Sondernutzung im Beschlusswege ohne Eintragung ins Grundbuch vornehmen.

Dingliche Sondernutzungsrechte sind mit dem Wohnungseigentum rechtlich verbunden und können keinem Dritten zustehen (BGHZ 73, 145).

Der Sondernutzungsberechtigte kann nur zusammen mit seinem Eigentum über seine Rechte verfügen. An außenstehende Dritte kann ein Sondernutzungsrecht nur gemeinsam mit dem dazugehörigen → Sondereigentum übertragen werden. Jedoch kann zwischen einem Wohnungseigentümer und einem Dritten die Ausübung des Sondernutzungsrechts schuldrechtlich, beispielsweise durch einen Mietvertrag, gestattet werden. Hierzu bedarf es auch nicht der Zustimmung der übrigen → Wohnungseigentümergemeinschaft, es sei denn, dies ist besonders in der → Gemeinschaftsordnung geregelt.

Die Gestaltungsgrenzen des Sondernutzungsrechts sind dann erreicht, wenn dieses → bauliche Veränderungen vorsieht, die grundsätzlich der Zustimmung aller Wohnungseigentümer bedürfen (→ Allstimmigkeit). Des Weiteren darf das Sondernutzungsrecht nur so weit gestaltet werden, dass nicht die Rechte der übrigen Wohnungseigentümer unzumutbar eingeschränkt werden. So ist es beispielsweise nicht erlaubt, seinen Kfz-Stellplatz derart einzuzäunen, dass der Stellplatz-Nachbar den ihm zugewiesenen Platz nicht mehr nutzen kann.

Ist einem Wohnungseigentümer ein bestimmter Kelleranteil des → gemeinschaftlichen Eigentums zur Sondernutzung zugewiesen worden, kann es zu Problemen kommen. Einem Wohnungseigentümer kann nicht untersagt werden, Kellerräume zu anderen Zwecken als zum Lagern von Gegenständen und zur Aufbewahrung von Vorräten zu nutzen. Nutzt der Sondernutzungsberechtigte den ihm zugewiesenen Kellerraum zum Beispiel als Bastelecke und verwirklicht sich dort als Heimwerker, kann ihm das wohl kaum untersagt werden. Allerdings dürfte die Nutzung eines Kellerraums zu Wohnzwecken oder zum Beispiel als Büroraum hingegen nicht zulässig sein. Hier könnte man eine entsprechende Unterlassungsklage erfolgreich durchsetzen.

Sollte der Sondernutzungsberechtigte in seinem Kellerraum zum Beispiel Sanitäranschlüsse anbringen, kann dies ebenfalls untersagt werden bzw. das wäre eine → bauliche Veränderung. Das Anbringen von Sanitäranschlüssen ist ein Indiz dafür, dass der Kellerraum als Wohnraum, zumindest zum längeren Aufenthalt, genutzt werden soll.

Sonderumlage

Jeder Wohnungseigentümer ist gemäß § 16 Abs. 2 WEG den anderen Wohnungseigentümern gegenüber verpflichtet, die Lasten des → gemeinschaftlichen Eigentums sowie die Kosten der → Instandhaltung, der → Instandsetzung, der → Verwaltung und eines gemeinschaftlichen Gebrauchs des Gemeinschaftseigentums nach dem Verhältnis seines Anteils (→ Miteigentumsquote) zu tragen. Zu den „Lasten" und „Kosten" gehört auch die Sonderumlage.

Eine Sonderumlage wird immer dann für die Wohnungseigentümer erforderlich sein, wenn die gebildete → Instandhaltungsrücklage für Sanierungskosten nicht ausreicht (→ Schäden am Gemeinschaftseigentum).

Es muss von der → Wohnungseigentümergemeinschaft ein → Beschluss über die Sonderumlage gefasst werden. Das ist eine Maßnahme → ordnungsgemäßer Verwaltung. Ein solcher Beschluss kann selbstverständlich gerichtlich nachgeprüft werden, wenn ein Wohnungseigentümer das Anfechtungsverfahren beim → Amtsgericht einleitet (→ Anfechtung).

Eine Sonderumlage ist nicht nur zur Einleitung von Gewährleistungsprozessen der Gemeinschaft oder für das Bezahlen von Sachverständigenkosten denkbar, sondern auch, wenn die Gemeinschaft Liquiditätsschwierigkeiten hat, die dadurch entstanden sind, dass einzelne Wohnungseigentümer ihren Hausgeldzahlungen nicht nachgekommen sind (→ Hausgeld).

Eine Sonderumlage kann mehrheitlich beschlossen (→ Mehrheitsbeschluss) werden, wenn sich zum Beispiel zeigt, dass die im → Wirtschaftsplan veranschlagten → Heizkosten viel zu gering ausgewiesen sind und die tatsächlichen Heizkosten den tatsächlichen Kostenrahmen sprengen.

Sonderumlagen können einen erheblichen Umfang ausmachen. Beschließt zum Beispiel die → Wohnungseigentümergemeinschaft, eine energetische Sanierung des Gebäudes vorzunehmen, das heißt Wärmedämmmaßnahmen an der Außenfassade, Wärmedämmmaßnahmen im Dachbereich und Wärmeenergiesparfenster einbauen zu lassen, dann sind solche Maßnahmen sicherlich wertsteigernd, aber auch teuer. Dadurch können Wohnungseigentümer finanziell an ihre Belastungsgrenze gelangen, wenn eine hohe Sonderumlage verlangt wird. Solche energetischen Baumaßnahmen, die auch teilweise bezuschusst werden, bedürfen deswegen genauer Planung durch den → Verwalter und Abschätzung der Kosten, ob sich eine solche Maßnahme tatsächlich wirtschaftlich rechnet.

Wohnungseigentümer, die zum Beispiel Renteneinkommen haben, bekommen in aller Regel von den Kreditinstituten keine längerfristigen abzuzahlenden Kredite mehr, so dass viele Wohnungseigentümer solche Sonderumlagen gar nicht mehr bezahlen können. Im Ergebnis verlieren sie dann eventuell ihre Wohnung. Denn sollten sie den Zahlungen aus der geforderten Sonderumlage nicht nachkommen, kann die → Wohnungseigentümergemeinschaft gegen die einzelnen Eigentümer wie beim → Hausgeld vorgehen und das Inkassoverfahren einleiten, mit dem Schlussergebnis einer → Zwangsversteigerung der Wohnung.

Sozialwohnung

Von solchen Wohnungen spricht man, wenn diese mit öffentlichen Mitteln der Gemeinden oder des Landes finanziert und errichtet worden sind.

Nach Maßgabe von § 4 WoBindG dürfen solche Sozialwohnungen nur unter folgenden Voraussetzungen an Wohnungssuchende überlassen werden:

§ 4 Abs. 2 WoBindG

Der Verfügungsberechtigte darf die Wohnung einem Wohnungssuchenden nur zum Gebrauch überlassen, wenn dieser ihm vor der Überlassung eine Bescheinigung über die Wohnberechtigung im öffentlich geförderten sozialen Wohnungsbau übergibt, und wenn die in der Bescheinigung angegebene Wohnungsgröße nicht überschritten wird.

Die Wohnberechtigung richtet sich nach dem Einkommen des „Berechtigten". Es sollen im Wesentlichen sozial Schwache günstigen Wohnraum erhalten. In einem Formular wird in aller Regel das Einkommen der Wohnungssuchenden ermittelt und alle zum Haushalt gehörenden Familienmitglieder bzw. deren Einkommen werden entsprechend summiert.

Stand der Technik

Mit doppelt → qualifizierter Mehrheit können künftig auch Modernisierungen entsprechend § 559 Abs. 1 BGB oder Maßnahmen zur „Anpassung des Gemeinschaftseigentums an den Stand der Technik" beschlossen werden (→ Anpassung an den Stand der Technik). Hinsichtlich der formellen Anforderungen an einen → Beschluss gemäß § 22 Abs. 2 Satz 1 WEG ist, wie zur abweichenden Verteilung von Sanierungs- oder Modernisierungskosten, die Mehrheit von drei Vierteln aller Wohnungseigentümer nach dem → Kopfprinzip des § 25 Abs. 2 WEG sowie mehr als die Hälfte der Miteigentumsanteile nötig.

Was versteht man unter „Stand der Technik"? Der Stand der Technik ist eine Klausel und stellt die technischen Möglichkeiten zu einem bestimmten Zeitpunkt, basierend auf gesicherten Erkenntnissen von Wissenschaft und Technik dar. Der Begriff beinhaltet auch, dass die Herstellung des Stands der Technik wirtschaftlich durchführbar ist. Das heißt nicht, dass sich eine → Wohnungseigentümergemeinschaft den Stand der Technik tatsächlich leisten kann. In einem solchen Fall muss eine kostengünstigere Variante gewählt werden.

§ 3 Bundes-Immissionsschutzgesetz definiert den Stand der Technik wie folgt :

§ 3 BImSchG

Stand der Technik im Sinne dieses Gesetzes ist der Entwicklungsstand fortschrittlicher Verfahren, Einrichtungen oder Betriebsweisen, der die praktische Eignung einer Maßnahme zur Begrenzung von Emissionen in Luft, Wasser und Boden, zur Gewährleistung der Anlagensicherheit, zur Gewährleistung einer umweltverträglichen Abfallentsorgung oder sonst zur Vermeidung oder Verminderung von Auswirkungen auf die Umwelt zur Erreichung eines allgemein hohen Schutzniveaus für die Umwelt insgesamt gesichert erscheinen lässt. Bei der Bestimmung des Standes der Technik sind insbesondere die im Anhang aufgeführten Kriterien zu berücksichtigen.

Im allgemeinen Sprachgebrauch werden nicht mehr dem Stand der Technik entsprechende Dinge als veraltet angesehen. Für sie wurden zwischenzeitlich bessere Lösungen (leistungsfähiger, sicherer) entwickelt.

Für den Bereich des Wohnungseigentums (→ gemeinschaftliches Eigentum) lassen sich folgende Beispiele nennen:

- Verbesserung des Schallschutzes
- Einbau eines Aufzugs
- Einbau einer elektrischen Gegensprechanlage
- Energiesparmaßnahmen (→ Energieausweis)

Stimmrechtsausschluss

Nach Maßgabe von § 25 Abs. 5 WEG ist ein Wohnungseigentümer nicht stimmberechtigt, wenn die Beschlussfassung die Vornahme eines auf die Verwaltung des gemeinschaftlichen Eigentums bezüglichen Rechtsgeschäfts mit ihm oder die Einleitung oder Erledigung eines Rechtsstreits der anderen Wohnungseigentümer gegen ihn betrifft oder wenn er nach § 18 WEG (→ Entziehung des Wohnungseigentums) rechtskräftig verurteilt ist. § 25 Abs. 5 WEG soll Fälle evidenter Interessenkollisionen verhindern.

Das Ruhen des Stimmrechts ist immer dann geboten, wenn zum Beispiel die erstellende Bauträgerfirma gleichzeitig noch Wohnungseigentümer und mit der Verwaltung des → gemeinschaftlichen Eigentums beauftragt ist. Insbesondere ist dann ein Stimmrechtsverbot anzunehmen, wenn es um Gewährleistungsrechte und um → Baumängel geht. Im Ergebnis müsste der noch Wohnung besitzende Bauträger mit abstimmen, ob über die Baumängel, die er vermutlich verursacht hat, ein Sachverständigengutachten eingeholt wird. Hat er noch die Mehrheitsmacht, wird er einen solchen Antrag ablehnen. Dann wird der Stimmrechtsausschluss evident.

§ 25 Abs. 5 WEG ist dann nicht gegeben, wenn ein Wohnungseigentümer zum → Verwalter gewählt werden soll. Dieser Wohnungseigentümer ist an der eigenen Wahl nicht verhindert.

Streitgenossenschaft

Von einer Streitgenossenschaft spricht man, wenn im Zivilprozess mehrere Parteien auf einer Seite als Kläger oder als Beklagte stehen. Zwischen jeder Partei und dem Gericht besteht ein eigenes Prozessrechtsverhältnis. Es gilt der Grundsatz der Selbstständigkeit jedes Streitgenossen (§ 61 ZPO). Eine Streitgenossenschaft kann entstehen, wenn eine Klage von mehreren Klägern oder gegen mehrere Beklagte erhoben wird, wenn eine Partei beitritt oder wenn mehrere Prozesse gemäß § 147 ZPO (z. B. für Wohnungseigentum § 47 WEG) verbunden werden.

Von einer einfachen Streitgenossenschaft spricht man, wenn die Entscheidung gegenüber den Streitgenossen nicht einheitlich ergehen muss. Hier gereichen die Handlungen des einzelnen Streitgenossen gemäß § 61 ZPO den anderen weder zum Vor- noch zum Nachteil.

Bei der notwendigen Streitgenossenschaft muss das Gericht im Gegensatz zur einfachen Streitgenossenschaft die Entscheidung für alle einheitlich treffen. Daher ist der Grundsatz der Selbstständigkeit der Streitgenossen eingeschränkt.

Beispiele:

Säumige Streitgenossen gelten gemäß § 62 ZPO als von den Erschienenen vertreten. Eine fristgemäße Vornahme von Prozesshandlungen durch einen Streitgenossen wahrt die Frist für alle. Nimmt ein Streitgenosse die Klage zurück, wirkt das für alle.

Eine prozessrechtlich notwendige Streitgenossenschaft liegt vor, wenn jeder Streitgenosse einzeln klagen oder verklagt werden kann, aber die Entscheidung für alle Streitgenossen nur einheitlich ergehen kann, das heißt die Rechtskraft sich auf alle Streitgenossen erstreckt. Dabei kann die Rechtskraft allseitig (das heißt sowohl bei Erfolg als auch bei Niederlage) oder einseitig (entweder nur bei Erfolg oder nur bei Niederlage) wirken. Klagt beispielsweise ein Eigentümer auf Feststellung der → Nichtigkeit eines → Beschlusses, muss die gerichtliche Entscheidung für alle Wohnungseigentümer gelten, denn unterschiedliche, ja widersprechende Entscheidungen wären nicht mehr nachvollziehbar.

Streitwert

Vereinfacht gesagt, ist der Streitwert der in Zahlen ausgedrückte Wert, um den gestritten wird. Bei einem Streit um einen Geldbetrag ist dies die Summe des Geldbetrags, um den gestritten wird.

In Wohnungseigentumssachen begrenzt § 49a GKG den Streitwert der Höhe nach in doppelter Hinsicht:

§ 49a GKG

Der Streitwert ist auf 50 Prozent des Interesses der Parteien und aller Beigeladenen an der Entscheidung festzusetzen.

Um die Sache noch etwas komplizierter zu machen, fügt der Gesetzgeber eine weitere Begrenzung ein:

§ 49a Abs. 1 Satz 2 und 3 GKG

Er darf das Interesse des Klägers und der auf seiner Seite Beigetretenen an der Entscheidung nicht unterschreiten und das Fünffache des Wertes ihres Interesses nicht überschreiten. Der Wert darf in keinem Fall den Verkehrswert des Wohnungseigentums des Klägers und der auf seiner Seite Beigetretenen übersteigen.

Bei Streitigkeiten um nicht in Zahlen zu benennende Grundlagen wird vom Gericht ein der Sache adäquater „Streitwert" festgelegt. Danach berechnen sich dann die → Gerichtskosten und die → Rechtsanwaltsgebühren.

Tagesordnung

Nach § 23 Abs. 2 WEG ist zur Gültigkeit eines → Beschlusses (→ Eigentümerversammlung) erforderlich, dass der Gegenstand der beabsichtigten Beschlussfassung bei der Einberufung der Versammlung, das heißt bei der Einladung, derart bezeichnet ist, dass die Beteiligten weitestgehend vor Überraschungen geschützt sind und ihnen die Möglichkeit der Vorbereitung und Überlegung gewährt wird, ob ihre Teilnahme veranlasst ist oder eben nicht.

Die Wohnungseigentümer haben hier ein schutzwürdiges Informationsbedürfnis. Bei einfachen Sachverhalten, über die ein Beschluss gefasst werden soll, wird es in der Regel genügen, eine schlagwortartige Bezeichnung in die Einladung aufzunehmen.

Unter dem regelmäßig auftauchenden Tagesordnungspunkt „Sonstiges" oder auch „Verschiedenes" kann wirksam nur über Angelegenheiten von untergeordneter Bedeutung beschlossen werden. Es muss sich um Angelegenheiten handeln, mit deren Erörterung jedermann rechnen muss. Ein unter dem TOP „Sonstiges" gefasster Beschluss mit größerer Tragweite (z. B. die Renovierung eines Hausflurs) beruht auf einem Einberufungsmangel (→ Ladungsmangel) und wird bei rechtzeitig erhobener → Anfechtungsklage, das heißt innerhalb der → Monatsfrist, vom Gericht für ungültig erklärt werden.

Die unzulängliche Bezeichnung des Gegenstands der Einberufung macht die Beschlussfassung darüber entgegen dem Wortlaut des § 23 Abs. 2 WEG nicht ungültig (→ Nichtigkeit), sondern nur anfechtbar.

Die → Anfechtungsklage wird jedoch trotz fehlerhafter Einladung nicht erfolgreich sein, da der Kläger beweisen muss, dass bei korrekter Einladung ein anderer → Beschluss durch die Wohnungseigentümer gefasst worden wäre. Die erforderliche Kausalität zu widerlegen wird dem Wohnungseigentümer wahrscheinlich gelingen, wenn es um sehr knappe Mehrheitsentscheidungen (→ Mehrheitsbeschluss) geht. Die Anfechtung ist meist nicht erfolgreich, wenn die überwiegende Mehrheit gegen den Anfechtenden gestimmt hat und es somit auf eine Stimme mehr oder weniger nicht ankommt. Jedoch ist der Einfluss des Rederechts eines Eigentümers in der → Eigentümerversammlung nicht zu unterschätzen (→ Ladungsmangel).

Teileigentum

Wohnungseigentum kann nur an Wohnungen im engeren Sinne gebildet werden, das heißt an Räumen, die zu Wohnzwecken dienen. An nicht zu Wohnzwecken dienenden Räumen eines Gebäudes kann (nur) Teileigentum begründet werden (§ 1 Abs. 1 WEG).

Das Teileigentum bezieht sich auf Wirtschaftsräume wie Dachboden, Waschküche, Heizraum und Hobbyräume sowie Garagen und Kfz-Abstellplätze. Die Vorschriften über das Wohnungseigentum sind für das Teileigentum entsprechend anwendbar (§ 1 Abs. 6 WEG). Dabei ist in der Zwischenzeit als gesichert anzusehen, dass Garagenstellplätze nur dann als abgeschlossene Räume gelten, wenn ihre Flächen durch dauerhafte Markierung abgegrenzt sind. Diese → Abgeschlossenheit ist nach Maßgabe von § 3 Abs. 2 WEG Voraussetzung, ob Wohnungs- oder Teileigentum gebildet werden kann.

In der Praxis spielt die Differenzierung von Wohnungseigentum und Teileigentum kaum eine Rolle, da die Vorschriften über das Wohnungseigentum auch für das Teileigentum gelten. Allerdings kann bei zweckbestimmungswidriger Nutzung auf Unterlassung geklagt werden; zum Beispiel darf ein Hobbyraum nicht als Wohnung genutzt werden (BGH vom 16.06.2011, Az. V ZA 1/11).

Die Zweckbestimmung, wie das Eigentum genutzt werden darf, findet sich in der Gemeinschaftsordnung oder in der Teilungserklärung und dort in dem Bezug genommenen → Aufteilungsplan. Wird der Gebrauch des Eigentums durch den Wohnungseigentümer zweckbestimmungswidrig genutzt, ist das allein für sich gesehen noch kein Grund, eine Unterlassungsklage zu erheben. Diese wäre unbegründet. Ein Wohnungseigentümer kann nur dann erfolgreich auf Unterlassung in Anspruch genommen werden, wenn der zweckbestimmungswidrige Gebrauch mehr stört als der zweckbestimmungsgemäße Gebrauch. Ob eine Störung vorliegt oder nicht, wird anhand einer sogenannten typisierenden generellen Betrachtungsweise beurteilt. Demnach müssen weder Beeinträchtigungen vorgetragen noch nachgewiesen werden

(BGH vom 15.01.2010, Az. V ZR 72/09). In diesem Fall ging es darum, dass ein Wohnungseigentümer seine Wohnung an täglich oder wöchentlich wechselnde Feriengäste vermietet hat, also als Ferienwohnung. Da in der → Teilungserklärung nichts anderes bestimmt war, ist dies nach Auffassung des BGH eine zulässige Wohnnutzung. Wenn beispielsweise in der Teilungserklärung ausgewiesen ist, dass die Räumlichkeiten als Büroräume genutzt werden dürfen, dann ist eine Benutzung als Kinderarztpraxis unzulässig. Allerdings wäre die Nutzung als Einzel- oder Bestellpraxis, wenn keine größeren Beeinträchtigungen durch Publikumsverkehr zu erwarten sind, als sie auch von einem Bürobetrieb ausgehen könnten, eventuell zulässig. Die andere Nutzung als die Büronutzung darf typisierend generell betrachtet eben nicht mehr stören, als wenn ein Büro in den Räumen vorhanden wäre.

In einer Wohnung wäre generell betrachtet der Betrieb einer Arztpraxis unzulässig. Zulässig wäre aber wohl die Ausübung einer Steuerberaterpraxis oder eines Architekturbüros. Das wird man jedenfalls im Einzelfall entscheiden können.

Teilrechtsfähige Gemeinschaft

Bisher wurde die → Gemeinschaft der Wohnungseigentümer, anders als eine natürliche Person, ein Unternehmen oder ein Verein in der Form der juristischen Person, nicht als selbstständiges Rechtssubjekt anerkannt. Auch wenn Verträge im Namen der Wohnungseigentümergemeinschaft abgeschlossen wurden, war nicht die Gemeinschaft als solche, sondern die jeweils im → Grundbuch eingetragenen einzelnen Wohnungseigentümer Vertragspartner.

Seit der „Jahrhundertentscheidung" des BGH (Urteil vom 02.06.2005, Az. V ZB 32/05) ist entschieden, dass die Wohnungseigentümergemeinschaft rechtsfähig ist, soweit sie im Rahmen der Verwaltung des → gemeinschaftlichen Eigentums am Rechtsverkehr teilnimmt.

Im Zuge der WEG-Novelle ist diese Frage auch gesetzlich geregelt worden (§ 10 Abs. 6 und 7 WEG). Die Rechtsfähigkeit beschränkt sich dabei nicht nur auf das „Außenverhältnis", das heißt auf Rechtsgeschäfte und Rechtshandlungen mit Dritten, die Lieferungen oder Leistungen für die Gemeinschaft erbringen. Die Rechtsfähigkeit erstreckt sich auch auf das Innenverhältnis der Wohnungseigentümer, unter anderem auch auf die Geltendmachung von Beitrags- und Hausgeldvorschüssen, Schadensersatzansprüchen oder anderen Forderungen (→ Sonderumlagen) der Gemeinschaft gegen einzelne Miteigentümer in Form einer Binnenstreitigkeit (z. B. Unterlassung von → Lärmbelästigungen durch andere Eigentümer).

Nicht der Rechtsfähigkeit unterliegen das → Sonder- und das → Gemeinschaftseigentum. Von der Rechtsfähigkeit ausgenommen bleibt auch die → Anfechtung von → Beschlüssen der Wohnungseigentümer. Hierbei handelt es sich um die Willensbildung innerhalb der Gemeinschaft und nicht um eine Angelegenheit des rechtsgeschäftlichen Verkehrs bei der Verwaltung des → gemeinschaftlichen Eigentums.

Konkret wirkt sich die Rechtsfähigkeit insbesondere auch auf das Haftungssystem aus. Andererseits ergeben sich auch verfahrensrechtliche Konsequenzen insoweit, als die Wohnungseigentümergemeinschaft als solche (Verband) klagen oder verklagt werden kann, wenn es um Forderungen oder Verbindlichkeiten geht, die das → Verwaltungsvermögen betreffen.

Auch bei der Eintragung von → Sicherungshypotheken oder bei der Kontoeröffnung kann nunmehr die Wohnungseigentümergemeinschaft als solche eingetragen werden, ohne dass sich alle Wohnungseigentümer persönlich ausweisen müssen.

Teilrechtsfähigkeit

Nach der Jahrhundertentscheidung des BGH vom 02.06.2005 (Az. V ZB 32/05) ist die → Wohnungseigentümergemeinschaft als Verband (teil-)rechtsfähig, soweit sie bei der Verwaltung des → gemeinschaftlichen Eigentums am Rechtsverkehr teilnimmt. In § 10 Abs. 6 WEG heißt es dazu:

§ 10 Abs. 6 WEG

Die Gemeinschaft der Wohnungseigentümer kann im Rahmen der gesamten Verwaltung des gemeinschaftlichen Eigentums gegenüber Dritten und Wohnungseigentümern selbst Rechte erwerben und Pflichten eingehen. Sie ist Inhaberin der als Gemeinschaft gesetzlich begründeten und rechtsgeschäftlich erworbenen Rechte und Pflichten. (...) Sie kann vor Gericht klagen und verklagt werden.

Damit kann die → Gemeinschaft der Wohnungseigentümer (Verband) zum Beispiel Heizöl bestellen, Handwerker mit Reparaturen beauftragen und andere Wohnungseigentümer auf Zahlung des → Hausgelds heranziehen. Ebenso kann der Verband wegen unzulässiger Hundehaltung und bei der → Entziehung des Wohnungseigentums gegen andere Wohnungseigentümer entsprechend agieren.

Teilungserklärung

Die Teilungserklärung stellt sozusagen das „Grundgesetz der Eigentümergemeinschaft" dar. Wird ein größeres Anwesen in einzelne Eigentumswohnungen umgewandelt (→ Umwandlung), kann der teilende Eigentümer festlegen, welche → Miteigentumsanteile zu welcher Wohnung gehören. Er kann grundsätzlich festlegen, was → gemeinschaftliches Eigentum und was → Sondereigentum werden soll. Das alles regelt die Teilungserklärung.

Darin ist nicht nur festgehalten, wie groß die einzelnen Miteigentumsanteile bzw. → Miteigentumsquoten sind, sondern es können auch Regelungen enthalten sein, aus denen sich ergibt, wie die künftigen Eigentümer das → gemeinschaftliche Eigentum nutzen dürfen (z. B. als Wohnung oder als Arztpraxis).

Weiter kann festgehalten sein, ob beispielsweise auf Straßenebene ein Laden oder ein Restaurant eingerichtet werden darf. In der Teilungserklärung muss auch klar zum Ausdruck gebracht werden, welcher Pkw-Stellplatz, der irgendwo auf dem Grundstück angelegt ist, zu welcher Wohnung gehört. Aus der Teilungserklärung ergibt sich auch, wie die → Betriebs- oder Nebenkosten des gesamten Hauses auf die einzelnen Wohnungseigentümer verteilt werden (→ Verteilungsschlüssel). Hier können als Verteilungsmaßstab die Personenanzahl herangezogen werden, das Verhältnis der Wohnflächen, ausgedrückt in Quadratmeter, der einzelnen Eigentümer zueinander oder nach Prozentsätzen im Verhältnis zur Gesamtfläche.

Häufig findet man in der Teilungserklärung auch Regelungen, wie die Gemeinschaft sich untereinander organisiert, die → Gemeinschaftsordnung. Viele Rechte und Pflichten der Wohnungseigentümer sind in der Teilungserklärung oder der → Gemeinschaftsordnung geregelt. Es kann dort festgelegt sein, wer beispielsweise im Winter die → Verkehrssicherungspflichten (Schneeräumdienst) zu übernehmen hat oder ob ein Garten nicht nur als Kinderspielplatz, sondern auch zum Wäschetrocknen benützt werden darf.

Wenn in sehr kleinlicher Weise innerhalb der Teilungserklärung oder in der → Gemeinschaftsordnung festgehalten wird, was der Eigentümer darf oder nicht, kann dies durchaus zu dem Ergebnis führen, dass die Rechte der Wohnungseigentümer manchmal geringer sind als die Rechte der Mieter. Der Wohnungseigentümer ist jedenfalls streng an die Teilungserklärung gebunden.

Grundsätzlich ist von der Wirksamkeit der Teilungserklärung auszugehen. Erst wenn diese gegen ein Gesetz oder die guten Sitten verstößt, kann die einzelne Regelung als nichtig angesehen werden (→ Nichtigkeit). Das WEG enthält viele Normen, die nicht zwingendes Recht sind und deshalb durch → Vereinbarung bzw. durch eine Teilungserklärung abgeändert werden können.

Teilungsplan

Die Vorteile, die der Gesetzgeber den Wohnungseigentümern gewährte, nämlich die Besserstellung in der → Rangklasse für Beitragsschulden im Rahmen der → Zwangsversteigerung von Immobilien (§ 10 Abs. 1 Nr. 2 ZVG), führte im Zuge der WEG-Novelle auch zu einer gesetzlichen Änderung im Bereich der → Zwangsverwaltung.

Die Zwangsverwaltung hat das Ziel, die Schulden des Wohnungseigentümers, die er sicherlich nicht nur gegenüber der → Wohnungseigentümergemeinschaft hat, aus den laufenden Erträgen der zwangsverwalteten Wohnung zu begleichen. Das funktioniert in der Praxis, wenn die Wohnung vermietet ist. Die Mieteinnahmen werden dann vom Zwangsverwalter unter anderem zur Deckung der laufenden Hausgeldforderungen (→ Hausgeld) verwendet. So wird die Finanzlücke, die den übrigen Wohnungseigentümern durch den zahlungsunfähigen Wohnungseigentümer entstanden ist, wenigstens nicht mehr größer, sondern eventuell abgebaut.

Trotzdem bleibt der Schuldner Eigentümer der Wohnung oder des → Teileigentums, die Verwaltung übernimmt jedoch der Zwangsverwalter, der vom zuständigen Vollstreckungsgericht auf Antrag eines Gläubigers bestellt wird.

Vor der WEG-Novelle im Jahr 2007 konnten die laufenden → Hausgelder gemäß § 155 Abs. 1 ZVG vorweg aus den Einnahmen als Ausgaben der Zwangsverwaltung gezahlt werden. Da das laufende Hausgeld nunmehr jedoch in § 10 Abs. 1 Nr. 2 ZVG (Rangklasse 2) erfasst ist, darf es erst mit Aufstellung des Teilungsplans (§ 155 Abs. 2 ZVG) – erst sehr viel später – an die Wohnungseigentümergemeinschaft ausbezahlt werden.

Um diesen Nachteil zu vermeiden, bestimmt § 156 ZVG („Dies gilt auch bei der Vollstreckung in ein Wohnungseigentum für die laufenden Beträge der daraus fälligen Ansprüche auf Zahlung") nun, dass eine Vorwegzahlung durch den Zwangsverwalter der laufenden Hausgelder, nicht aber der rückständigen, möglich ist.

Erst wenn alle laufenden Beträge durch die vorhandenen Einnahmen gedeckt sind, kann der verbliebene Restbetrag zur Erfüllung anderer Ansprüche im Zuge der Aufstellung eines Teilungsplans verteilt werden.

Teilungsversteigerung

Zur Aufhebung einer Gemeinschaft erfolgt die → Zwangsversteigerung, wenn die Teilung eines mehreren Miteigentümern (z. B. einer Erbengemeinschaft) gehörenden Grundstücks oder einer Eigentumswohnung nicht möglich ist. Die Zwangsversteigerung zur Teilung eines gemeinschaftlichen Gegenstands der Immobilienvollstreckung findet auch bei Bruchteilsgemeinschaften statt.

Wohnungseigentum ist eine solche Gemeinschaft nach Bruchteilen am gemeinsamen Grundstück. Es kann aber kein Wohnungseigentümer (nicht einmal aus wichtigem Grund) die Aufhebung dieser Gemeinschaft verlangen (§ 11 Abs. 1 WEG). Dieser gesetzliche Ausschluss einer abweichenden → Vereinbarung ist unabdingbar. Ausnahmsweise ist nach § 11 Abs. 1k Nr. 3 WEG die Teilungsversteigerung des ganzen Wohnungseigentums zulässig, wenn das Gebäude ganz oder teilweise zerstört wird und keine Verpflichtung zum Wiederaufbau besteht.

Von dem Verbot der Teilungsversteigerung nicht berührt wird die mögliche Teilungsversteigerung eines einzelnen Wohnungseigentumsanteils, wenn an ihm eine Untergemeinschaft – zum Beispiel eine Erbengemeinschaft oder beide Ehegatten sind Miteigentümer der Ehewohnung – besteht, die aufgehoben werden soll. Die → Wohnungseigentümergemeinschaft am Gesamtobjekt wird dadurch nicht anders berührt als durch einen rechtsgeschäftlichen Wechsel des Eigentümers im einzelnen Anteil.

Tierhaltung

§ 14 WEG regelt die Pflichten des jeweiligen Wohnungseigentümers. Dabei hat der Gesetzgeber die Pflicht zum schonenden Gebrauch sowohl des → Sondereigentums als auch des → gemeinschaftlichen Eigentums aufgestellt. Hierbei ist der Tatsache Rechnung zu tragen, dass gewisse gegenseitige Störungen beim Zusammenleben in einer Hausgemeinschaft unvermeidlich sind.

Diese Störungen müssen, um ein geordnetes Zusammenleben zu gewährleisten, auf ein Mindestmaß beschränkt sein. Das gilt auch für die Tierhaltung. In aller Regel ist davon auszugehen, dass das Halten von Haustieren in diesem Sinne grundsätzlich als zulässig anzusehen ist.

§ 15 WEG gibt den Wohnungseigentümern die Möglichkeit, den Gebrauch des → Sondereigentums und des → gemeinschaftlichen Eigentums durch → Vereinbarung zu regeln. Bei der Aufstellung dieser → Gebrauchsregelung (Gebrauchsordnung) ist davon auszugehen, dass die Haustierhaltung einen gewissen Raum einnimmt.

Bei Juristen wird die Frage diskutiert, ob durch die → Gemeinschaftsordnung, das heißt durch Vereinbarung im Sinne von § 15 WEG, innerhalb einer Wohnungseigentumsanlage eine Haustierhaltung generell ausgeschlossen werden kann. Ein solcher Ausschluss ist nicht als schlechthin unzulässig anzusehen. Ein solches Verbot kann im Interesse von sehr geräuschempfindlichen Eigentümern sein oder im Interesse von Eigentümern, die auf Tiere allergisch reagieren. Gerade weil es solche → Gebrauchsregelungen gibt, haben sich vielleicht diese empfindlichen Eigentümer zum Kauf der Eigentumswohnung entschlossen.

Zudem ist es juristisch möglich, im Rahmen einer → Hausordnung die Haustierhaltung zu beschränken (z. B. durch die Einführung eines „Leinenzwangs" bei Hunden). Die Aufstellung einer Hausordnung gehört zur → ordnungsgemäßen Verwaltung im Sinne von § 21 WEG. Die Hausordnung soll einen vernünftigen Kompromiss zwischen den einzelnen widerstreitenden Interessen darstellen.

Beispiel:

Das Halten von Kampfhunden (Bullterrier) in einer Eigentumswohnung kann durch → Mehrheitsbeschluss untersagt werden. Aufgrund eines solchen → Beschlusses kann die Gemeinschaft auch Mieter unmittelbar auf Unterlassung in Anspruch nehmen. Der Unterlassungsanspruch kann ausgeschlossen sein, wenn die Kampfhunde seit mehreren Jahren unbeanstandet geduldet werden und gutmütig sind.

Umlagefähige Betriebskosten

Der Eigentümer einer Eigentumswohnung, die vermietet ist, wird regelmäßig ein wirtschaftliches Interesse daran haben, die gesamten Kosten und Lasten, die mit dem Betrieb der Wohnung im Zusammenhang stehen, auf den Mieter abzuwälzen. Im Rahmen der → Wohnungseigentümergemeinschaft spricht man hier bei den → Betriebskosten von → Hausgeldzahlungen. Im Verhältnis des Eigentümers bzw. Vermieters zum Mieter spricht man von Nebenkosten oder → Betriebskosten.

Die Eigentümer von vermieteten Eigentumswohnungen versuchen regelmäßig, alle → Hausgelder auf den Mieter umzulegen.

Das ist bei den meisten → Betriebskosten gemäß Betriebskostenverordnung auch möglich. Nicht umlagefähig sind jedoch die anfallenden Verwaltungskosten. Die Umlage von Verwaltungskosten (→ Kosten der Verwaltung) ebenso wie die Umlage von Kosten der → Instandhaltung und → Instandsetzung ist nicht zulässig, da es sich um Reparaturen handelt, die der Mieter nicht bezahlen muss. Im Rahmen der Vertragsfreiheit kann demnach nicht vereinbart werden, dass zusätzlich zu den in der Betriebskostenverordnung genannten Kostenarten weitere → Betriebskosten auf den Mieter umgelegt und im Mietvertrag vereinbart werden. Nachdem die tatsächlich anfallenden Verwaltungskosten (z. B. → Verwaltergebühren) nicht auf den Mieter umgelegt werden können, gilt dies umso mehr für den eigenen Verwaltungsaufwand des vermietenden Eigentümers, den er als Vermieter mit der Mietsache hat. Auch solche Kosten sind keine umlagefähigen Betriebskosten.

Der Wohnungseigentümer, der vermietet hat, kann vom Mieter nur diejenigen → Betriebskosten verlangen, die er auch tatsächlich vertraglich vereinbart hat. Ist keine vertragliche → Vereinbarung getroffen, muss der vermietende Wohnungseigentümer die Nebenkosten bzw. Betriebskosten selbst tragen oder seine erwirtschaftete Miete wird sich um diesen Anteil entsprechend verringern.

Zu beachten ist weiter, dass bei vermieteten Teileigentumseinheiten (z. B. Ladengeschäften) sehr wohl alle „Betriebskosten“, die im Zusammenhang mit dem → Teileigentum stehen, auf den gewerblichen Mieter vertraglich umgelegt werden dürfen, falls dies im Mietvertrag vereinbart ist. Die Geschäftsmieter können somit auch verpflichtet werden, die Verwaltungskosten (→ Kosten der Verwaltung) zu tragen. Das ist bei vermietetem Wohnraum allerdings nicht möglich.

Umlaufbeschluss

Nach Maßgabe von § 23 Abs. 3 WEG können auch → Beschlüsse außerhalb einer → Eigentümerversammlung getroffen werden, und zwar als „Umlaufbeschluss" in schriftlicher Form (→ schriftlicher Beschluss). Dabei müssen alle Wohnungseigentümer ihre Zustimmung zu dem Beschluss schriftlich erklären (es kommt dabei nicht darauf an, ob eigentlich der Beschlussgegenstand nur einen → Mehrheitsbeschluss erfordert). Das heißt, alle im → Grundbuch eingetragenen Wohnungseigentümer müssen mit der schriftlichen Beschlussfassung einverstanden sein und dem konkreten Beschlussinhalt zustimmen. Auch ein solcher Umlaufbeschluss muss durch eine Mitteilung des → Verwalters an alle Eigentümer in Form eines Rundschreibens oder eines Aushanges verkündet werden (BGH vom 23.08.2001, Az. V ZB 10/01).

Ein solcher Beschluss gehört ebenfalls in die → Beschluss-Sammlung. Wird ein Umlaufbeschluss nicht verkündet, handelt es sich um einen → Nichtbeschluss. Er ist damit bedeutungslos.

Der Umlaufbeschluss ist dann abgelehnt, wenn nur ein Wohnungseigentümer dagegen stimmt.

Umwandlung

Befinden sich in einem Anwesen mehrere Wohnungen und werden diese nach Bezug durch den Mieter in Eigentumswohnungen aufgeteilt und einzeln verkauft, laufen die jeweiligen Wohnungsmieter regelmäßig Gefahr, dass ihnen der Mietvertrag anschließend vom neuen Eigentümer wegen „Eigenbedarf" (§ 573 BGB) gekündigt wird. Es ist davon auszugehen, dass derjenige, der eine Wohnung käuflich erwirbt, auch selbst darin wohnen möchte, da sich künftig vermietete Eigentumswohnungen nicht als Kapitalanlage eignen. Für den Mieter ist eine derartige Situation regelmäßig nicht vorauszusehen, und er kann sich auch rechtlich nicht dagegen schützen.

§ 577 BGB räumt dem Mieter einer nach Überlassung an ihn in Wohnungseigentum umgewandelten Wohnung ein gesetzliches Vorkaufsrecht für den Fall des Verkaufs an einen Dritten ein.

Das gilt gemäß § 577 Abs. 1 Satz 1 BGB auch dann, wenn der Kaufvertrag vor Bildung der Wohnungsgrundbücher abgeschlossen wurde. Das → Vorkaufsrecht wird gemäß § 577 BGB nicht durch Kaufverträge ausgelöst, die der Vermieter mit zu seinem Hausstand gehörenden Personen oder Familienangehörigen abschließt, auch wenn zugunsten des Käufers eine Eigenbedarfskündigung nicht gerechtfertigt wäre.

Für das mietrechtliche → Vorkaufsrecht gelten die §§ 463 bis 473 BGB, wobei der Vermieter gemäß § 577 BGB den Mieter nicht nur über den Inhalt des Kaufvertrags, sondern auch über sein gesetzliches Vorkaufsrecht zu belehren hat, um die zweimonatige Frist, innerhalb derer gemäß § 469 Abs. 2 BGB das Vorkaufsrecht ausgeübt werden kann, in Gang zu setzen. Zum Schutz des Mieters gilt eine Kündigungssperrfrist.

Umzugskostenpauschale

Seit der WEG-Novelle können die Wohnungseigentümer in Ausübung ihrer → Beschlusskompetenz sämtliche Problemkreise wie Zahlungsmodalitäten, Fälligkeit von → Hausgeldzahlungen und → Sonderumlagen mit → Beschlüssen mehrheitlich regeln. Dazu gehört zum Beispiel auch die Einführung einer Umzugskostenpauschale. Damit ist gemeint, dass ein Wohnungseigentümer, der selbst in die Wohnanlage ein- oder auszieht, oder sein Mieter zieht aus oder ein, einen pauschalen Betrag in die → Instandhaltungsrücklage einbezahlt.

Dadurch sollen Aufwendungen für zusätzliche Gebrauchsspuren, die höchstwahrscheinlich mit einem Umzug entstehen, finanziell wenigstens teilweise abgedeckt werden. Die Größenordnung dürfte so bei etwa 50 bis 100 Euro je Umzug liegen.

Veräußerungsbeschränkung

Zwischen den Wohnungseigentümern kann vereinbart werden, dass ein Wohnungseigentümer zur Veräußerung seines Wohnungseigentums der Zustimmung anderer Wohnungseigentümer oder eines Dritten bedarf. Insoweit wird auf § 12 WEG verwiesen.

Grundsätzlich ist das Wohnungseigentum frei veräußerlich. Eine Veräußerungsbeschränkung, wie sie § 12 WEG möglich macht, dient zum Schutz gegen persönlich oder wirtschaftlich unzuverlässige Gemeinschaftsmitglieder. Da es sich allerdings um eine Abweichung im Sinne von § 137 BGB („rechtsgeschäftliches Verfügungsverbot") handelt, ist eine solche → Vereinbarung oder → Teilungserklärung eng auszulegen.

Unzulässig ist eine Vereinbarung, die ein Veräußerungsverbot an eine bestimmte Person knüpft. Will ein Wohnungseigentümer trotz einer bestehenden Veräußerungsbeschränkung sein Wohnungseigentum verkaufen oder darüber verfügen und liegt die erforderliche Zustimmung nicht vor, ist das Rechtsgeschäft, sowohl was den schuldrechtlichen Teil als auch den dinglichen Vertragsteil betrifft, schwebend unwirksam. Eine nachträgliche Genehmigung des Rechtsgeschäfts heilt rückwirkend die fehlende Zustimmung zur Veräußerung.

Allerdings darf die Zustimmung gemäß § 12 WEG nur aus einem wichtigen Grund versagt werden. Der Wohnungseigentümer hat demnach einen Anspruch auf Zustimmung zur Veräußerung seines Wohnungseigentums gegen die anderen Wohnungseigentümer oder gegen den Dritten, wenn kein wichtiger Grund vorliegt. Ein solcher wichtiger Grund muss sich nach dem Zweck des § 12 WEG aus der Person des Erwerbers ergeben.

Ein Hausgeldrückstand (→ Hausgeld) des Veräußerers stellt keinen wichtigen Grund dar. Ebenso kann die Zustimmung nicht verweigert werden, um zu verhindern, dass ein unzulässiger, aber lange geduldeter Gebrauch von Wohnungseigentum fortgesetzt wird. Die Zustimmungserklärung ist wirksam gegenüber dem Veräußerer oder dem Erwerber zu erteilen. Eine an eine Bedingung geknüpfte Zustimmung gilt als Versagung.

Der Gesetzgeber hat im Rahmen der WEG-Novelle den Wohnungseigentümern, die in ihrer → Gemeinschaftsordnung (→ Teilungserklärung) eine Zustimmungserfordernis durch den → Verwalter oder den Wohnungseigentümer (oder einem Dritten) haben, eine „Erleichterung" an die Hand gegeben. Die Wohnungseigentümer können mit einfacher Stimmenmehrheit (§ 12 Abs. 4 WEG; → Mehrheitsbeschluss) die Aufhebung der Veräußerungsbeschränkung beschließen. Nichtig wäre allerdings eine Regelung in der → Gemeinschaftsordnung, die die Änderung beziehungsweise Aufhebung der Veräußerungsbeschränkung durch einfachen → Mehrheitsbeschluss ausschließen würde (§ 12 Abs. 4 Satz 2 WEG).

Verbandshaftung

§ 10 Abs. 8 Satz 1 WEG lautet:

§ 10 Abs. 8 Satz 1 WEG

Jeder Wohnungseigentümer haftet einem Gläubiger nach dem Verhältnis seines Miteigentumsanteils (...) für Verbindlichkeiten der Gemeinschaft der Wohnungseigentümer, die während seiner Zugehörigkeit zur Gemeinschaft entstanden oder während dieses Zeitraums fällig geworden sind;

Was ist damit gemeint?

Die Gläubiger einer Forderung gegen die → Wohnungseigentümergemeinschaft können einerseits gegen den „Verband" (→ Gemeinschaft der Wohnungseigentümer) vorgehen und andererseits auch gegen einzelne Wohnungseigentümer, allerdings ist deren Außenhaftung der Höhe nach auf die → Miteigentumsquote beschränkt.

Verbesserung der Wohnverhältnisse

Zu den → Modernisierungen, für die eine → qualifizierte Mehrheit gemäß § 22 Abs. 2 WEG erforderlich ist, gehören auch Maßnahmen, die die allgemeinen Wohnverhältnisse dauerhaft verbessern; durch die bauliche Maßnahme soll eine Erhöhung des Gebrauchswerts erzielt werden, sonst liegt keine Modernisierung vor. Es handelt sich aus Sicht des WEG-Rechts um Maßnahmen, die nur das → gemeinschaftliche Eigentum betreffen und nicht das jeweilige → Sondereigentum (z. B. Einrichtung eines Fahrradkellers, Einbau eines Aufzugs, Anlage eines Spielplatzes).

Verbrauchskosten

Zu Problemen kommt es immer wieder bei der Veräußerung von Eigentumswohnungen zwischen dem Veräußerer und dem Erwerber, wenn die Veräußerung während eines Kalenderjahres oder während des Abrechnungsjahres der → Wohnungseigentümergemeinschaft erfolgt.

Der Veräußerer hat die bis zu diesem Zeitpunkt, nämlich dem der Veräußerung, fälligen Vorauszahlungen gemäß dem festgelegten → Wirtschaftsplan geleistet und der Erwerber hat diese ab diesem Zeitpunkt übernommen und ebenfalls geleistet. Nunmehr erfolgt eine gewisse Zeit später die → Jahresabrechnung und endet mit einer Nachzahlungsverpflichtung, die in der → Einzelabrechnung dokumentiert ist.

Hierfür haftet der Erwerber – meist aufgrund vertraglicher Regelung, da im Kaufvertrag häufig geregelt ist, dass Lasten und Kosten ab einem bestimmten Zeitpunkt auf den Erwerber übergehen.

Das bedeutet aber nicht, dass der Erwerber diese Nachzahlung im Verhältnis zum Veräußerer alleine zu tragen hat. Grundsätzlich sind nämlich die Kosten und Lasten zeitanteilig zu verteilen. Bei den Hausgeldvorauszahlungen (→ Hausgeld) bieten sich praktisch keine Probleme, da diese feststellbar sind und zeitanteilig verteilbar sind. Anders ist dies jedoch bei den Verbrauchskosten, die im Laufe des Jahres in unterschiedlicher Höhe anfallen, wie zum Beispiel die → Heizkosten. Im Januar und Februar werden beispielsweise etwa je 16 Prozent des gesamten Jahresverbrauchs an Brennstoffen aufgewandt, während auf den März noch 13 Prozent, auf den November 11 Prozent und auf den Dezember 14 Prozent entfallen.

Es empfiehlt sich hier, die Verbrauchskosten nach der Gradzahltabelle des Deutschen Wetterdienstes, den Brennstoffverbrauch zeitanteilig und in Verbrauchshöhe mit den entsprechenden Prozentsätzen neu zu berechnen. Dies ist auch nicht unbillig, da in den meisten → Teilungserklärungen der Anteil der verbrauchsunabhängigen Kosten und der Anteil der verbrauchsabhängigen Kosten quotenmäßig festgelegt ist. Nach der Heizkostenverordnung sind hier bei der Verteilung der → Heizkosten gewisse

Prozentsätze auf den Verbrauch umzulegen und bei der Abrechnung gewisse Prozentsätze auf die beheizte Grundfläche.

Vereinbarung

Das Verhältnis der Wohnungseigentümer untereinander richtet sich nach den Vorschriften des WEG und, soweit dieses Gesetz keine besonderen Bestimmungen enthält, nach den Vorschriften des BGB über die Gemeinschaft (§ 10 Abs. 2 Satz 1 WEG).

Als Rahmengesetz lässt das Wohnungseigentumsgesetz den Wohnungseigentümern jedoch weitestgehend Vertragsfreiheit. Es räumt ihnen die Möglichkeit ein, von den Vorschriften des Wohnungseigentumsgesetzes abweichende Vereinbarungen zu treffen, soweit nicht ausdrücklich bestimmt ist, dass eine gesetzliche Regelung „unabdingbar" oder „zwingend" ist (§ 10 Abs. 2 Satz 2 WEG).

Bei den Vereinbarungen in diesem Sinne handelt es sich um Regelungen, denen alle im → Grundbuch eingetragenen Eigentümer zustimmen müssen (→ Allstimmigkeit). Eine nur mehrheitliche Zustimmung reicht nicht aus, um abweichende oder das Gesetz ergänzende Regelungen zu treffen.

Damit diese vom Gesetz abweichenden oder das Gesetz ändernde Regelungen auch bei einem Eigentümerwechsel Rechtswirkung gegenüber dem neuen Eigentümer entfalten, müssen diese Vereinbarungen als „Inhalt des → Sondereigentums" in das → Grundbuch eingetragen werden (§ 10 Abs. 3 WEG).

Ohne Eintragung wirken Vereinbarungen zwar unter den jeweiligen Eigentümern, die die vom Gesetz abweichenden Regelungen getroffen haben, verlieren jedoch grundsätzlich ihre Rechtswirkung zwischen allen Beteiligten, wenn ein neuer Eigentümer in die Gemeinschaft eintritt, sei es durch Kauf, Erwerb in der →Zwangsversteigerung oder als Erbe.

Von einer Vereinbarung zu unterscheiden ist der → Beschluss. Vereinbarungen sind immer dann erforderlich, wenn vom Gesetz abweichende Regelungen getroffen werden sollen, während Beschlüsse der Wohnungseigentümer Verwaltungsangelegenheiten regeln, für die das Gesetz den Wohnungseigentümern ausdrücklich die → Beschlusskompetenz einräumt. Nach den Bestimmungen können jedoch bestimmte Regelungen, die früher einer

Vereinbarung bedurft hätten, durch mehrheitliche Beschlussfassung (→ Mehrheitsbeschluss) getroffen werden. Das gilt in erster Linie für Kostenverteilungsregelungen (§ 16 Abs. 3 und 4 WEG) und für Modernisierungsmaßnahmen (§ 22 Abs. 2 WEG).

Verjährung

§ 194 Abs. 1 BGB

Das Recht, von einem anderen ein Tun oder Unterlassen zu verlangen (Anspruch), unterliegt der Verjährung.

Die regelmäßige Verjährungsfrist beträgt drei Jahre (§ 195 BGB). Auch die Ansprüche gegen Wohnungseigentümer auf Zahlung von Rückständen aus genehmigten → Jahresabrechnungen oder aus Eigentümerbeschlüssen über → Sonderumlagen verjähren nach drei Jahren.

Die regelmäßige Verjährung beginnt nach § 199 Abs. 1 und Abs. 4 BGB mit dem Schluss des Jahres, in dem der Anspruch fällig wurde (z. B. Genehmigung der Jahresabrechnung). Rechtskräftig titulierte Forderungen verjähren nach 30 Jahren (§ 197 BGB).

Verkehrssicherungspflicht

Den Vermieter einer Eigentumswohnung (gemeinsam mit den anderen Wohnungseigentümern) trifft eine allgemeine Prüfungs- und Überwachungspflicht für alle Teile des gesamten Grundstücks. Er hat entsprechende Kontrollen und Vorkehrungen zu treffen, dass seine Mieter oder deren Besucher oder Dritte vertragsgemäß und gefahrlos die Eigentumswohnung gebrauchen können.

Der Eigentümer ist beispielsweise dafür verantwortlich, dass die Treppenhausbeleuchtung funktioniert, schadhafte Treppenstufen ausgebessert werden, Hof, Keller und Dachboden keine Gefahren bergen. Die Verkehrssicherungspflicht erstreckt sich auch auf die gesamten Versorgungsleitungen des Hauses sowie Zentralheizung und Warmwasserversorgung (→ Heizkosten).

Überträgt der Eigentümer (Vermieter) seine Prüfungs- und Überwachungspflicht auf einen → Verwalter oder eine Verwaltungsgesellschaft, wird der Eigentümer im Schadensfall hierdurch nicht haftungsfrei. Er haftet für das Verschulden seiner Erfüllungsgehilfen gemäß § 278 BGB, für das Verhalten „seines" Verwalters.

Die Schadenersatzansprüche gründen sich aus der Verletzung von Verkehrssicherungspflichten gemäß § 823 BGB. Dabei haftet die →teilrechtsfähige Gemeinschaft (→ Teilrechtsfähigkeit) der Wohnungseigentümer gegenüber dem geschädigten Dritten, wenn die Verletzung der Verkehrssicherungspflicht mit der Vernachlässigung der → Instandhaltungs- und → Instandsetzungspflicht, das heißt einer Verwaltungsmaßnahme, in Zusammenhang zu bringen ist. Anderenfalls haften die Wohnungseigentümer gegenüber dem Dritten persönlich.

Das gilt nur hinsichtlich der Pflichten aus dem → gemeinschaftlichen Eigentum. Selbstverständlich trifft die Verkehrssicherungspflicht im Bereich des → Sondereigentums die einzelnen Wohnungseigentümer.

Diese Verantwortlichkeit für Verkehrssicherungspflichten darf nicht unterschätzt werden, wie eine ältere Entscheidung des OLG Koblenz zeigt:

§

OLG Koblenz vom 13.02.2015, Az. 1261/14

Wer eine Gefahrenquelle schafft oder für sie verantwortlich ist, ist auch verpflichtet, sie zu beseitigen oder Gegenvorkehrungen zu treffen, damit sich die Gefahr nicht zum Schaden anderer auswirkt. Hat er in dieser Hinsicht das Erforderliche getan, so kann ihm die zunächst geschaffene Gefahrenquelle nicht zugerechnet werden, wenn jemand wegen Nichtbeachtung der Sicherungsvorkehrungen dennoch zu Schaden kommt. Die ursprüngliche Gefahrenquelle ist dann nicht mehr adäquat ursächlich für den eingetretenen Schaden.

Der Vermieter einer Eigentumswohnung kann auch Teile seiner Verkehrssicherungspflicht (z. B. die Wegereinigungs- und Streupflicht) vertraglich auf seinen Mieter übertragen. Verletzt dieser schuldhaft die ihm übertragene Pflicht, kann der Geschädigte sowohl den Mieter als auch den Vermieter in Anspruch nehmen.

Gelingt allerdings dem Vermieter der Nachweis, dass er den Mieter gewissenhaft ausgewählt hat und auf die Wege- und Streupflicht hingewiesen hat, haftet nur der Mieter. Sollte dem Vermieter dieser Entlastungsbeweis allerdings nicht gelingen, muss er dem Geschädigten Schadensersatz leisten. In diesem Falle kann der in

Anspruch genommene Vermieter (Eigentümer) beim Mieter Regress nehmen.

Verkehrswert

Nach § 194 BauGB beschreibt dieser Begriff Folgendes:

Der Verkehrswert (Marktwert) wird durch den Preis bestimmt, der zum Wertermittlungsstichtag im gewöhnlichen Geschäftsverkehr am Grundstücksmarkt im Falle eines Verkaufes zu erzielen wäre. Dabei sind rechtliche Gegebenheiten (z. B. Wegerecht), tatsächliche Eigenschaften (z. B. Entwicklungszustand des Grundstücks: erschlossen, nicht erschlossen) sowie die sonstige Beschaffenheit (z. B. großer Reparaturstau) zu berücksichtigen. Außer Betracht bleiben persönliche und ungewöhnliche Verhältnisse, die das Marktgeschehen beeinflussen. Der Verkehrswert ist im Rahmen der → Zwangsversteigerung von Amts wegen durch Einholung eines Sachverständigengutachtens festzusetzen.

Nach der WEG-Novelle im Jahr 2007 ist für eine Geldforderung gegen einen Eigentümer, der Beitragschulden (z. B. rückständiges laufendes → Hausgeld, Nachzahlungsbetrag aus der letzten → Jahresabrechnung oder Zahlbetrag aus einer → Sonderumlage) hat, der Begriff des Verkehrswerts wichtig geworden. Denn der Vorrang der Wohnungseigentümer in einer → Zwangsversteigerung, die gegen den säumigen Wohnungseigentümer betrieben wird, ist der Höhe nach doppelt begrenzt (§ 10 Abs. 1 Nr. 2 ZVG): Zum einen darf die fällige Forderung der → Wohnungseigentümergemeinschaft nur aus dem laufenden Geschäftsjahr (Berechnungsbasis: Zeitpunkt der Beschlagnahme) oder aus den beiden letzten Kalenderjahren stammen, zum anderen darf sie nur maximal 5 Prozent des Verkehrswerts betragen. Eine Titulierung der Hausgeldschulden ist nicht nötig.

Vermietung

Bei der Vermietung von Eigentumswohnungen sind mietrechtlichen Vorschriften zu beachten.

Besteht ein Mietverhältnis über eine Mietwohnung, die während des Mietverhältnisses in eine Eigentumswohnung umgewandelt wird bzw. das ganze Anwesen in Eigentumswohnungen aufgeteilt, nennt man diesen Problemkreis „Umwandlungsfälle".

Falls nach einer solchen → Umwandlung eine Kündigung des Vermieters (Eigentümer) wegen Eigenbedarf erfolgen soll, kann diese Kündigung frühestens drei Jahre nach dem ersten Erwerb ausgesprochen werden. Maßgeblich ist jedoch nicht das Datum der Umwandlung, sondern der Tag, an dem der Erwerber als Eigentümer dieser umgewandelten Eigentumswohnung in das → Grundbuch eingetragen wurde.

Ab diesem Zeitpunkt ist eine Kündigung wegen Eigenbedarfs (gesetzlich) drei Jahre lang ausgeschlossen. Zum Teil kann sich diese → Sperrfrist bis zu zehn Jahre verlängern (§ 577a Abs. 2 BGB). Die einzelnen Bundesländer können hierzu eigene Verordnungen erlassen. In diesen Verordnungen sind in der Regel einzelne Städte und Gemeinden konkret aufgeführt, für die längere Sperrfristen gelten. Diese „Kündigungssperrfrist" muss für jede einzelne Gemeinde in der BRD speziell (bezogen auf den Einzelfall) ermittelt werden.

Die Kündigung kann auch nicht schon im Laufe dieser Sperrfrist ausgesprochen werden, sondern erst nach vollständigem Ablauf. Bei der Kündigung ist dann die Kündigungsfrist für den Vermieter einzuhalten, die aufgrund der Wohndauer gegeben ist. Der dreijährige Kündigungsausschluss für Eigenbedarf gilt aber nur dann, wenn der Mieter in eine Mietwohnung eingezogen ist und während seines Mietverhältnisses daraus eine Eigentumswohnung wurde. Der Mieter selbst hat völlig unabhängig hiervon immer eine Kündigungsfrist von drei Monaten, § 573c Abs. 1 BGB.

Bezieht der Mieter eine Wohnung, die bei Mietvertragsabschluss bereits im Grundbuch als Eigentumswohnung ausgewiesen ist, entfällt diese Kündigungsbeschränkung, dann liegt kein Umwandlungsfall vor.

Versammlungsleiter

Im Rahmen von § 25 Abs. 4 WEG können die Eigentümer im Rahmen der → Wohnungseigentümerversammlung auf Antrag zur Geschäftsordnung einen Versammlungsleiter bestimmen. Normalerweise ist der Versammlungsleiter, wenn es keinen entsprechenden Antrag gibt, der → Verwalter oder einer seiner Mitarbeiter.

Der Versammlungsleiter ist normalerweise auch dazu verpflichtet, das → Protokoll der Versammlung zu führen.

Verteilungsschlüssel

Die Verteilung der Lasten und → Kosten der Verwaltung des → gemeinschaftlichen Eigentums, seiner → Instandhaltung und → Instandsetzung, des gemeinschaftlichen Gebrauchs und der sonstigen Verwaltung richtet sich nach dem Verhältnis der für die einzelnen Wohnungseigentümer im Grundbuch eingetragenen Miteigentumsanteile (§ 16 Abs. 2 WEG), nach einer gemäß § 10 Abs. 2 Satz 2 WEG getroffenen → Vereinbarung oder, soweit das Gesetz dies zulässt, nach mehrheitlicher Beschlussfassung (§ 16 Abs. 3 und 4 WEG). Die → Miteigentumsanteile sind sozusagen der gesetzliche Verteilerschlüssel.

Abweichend vereinbarte oder beschlossene Verteilungsschlüssel können sich nach der Größe der Wohnfläche, der Zahl der Wohnungen oder auch nach der Personenzahl bzw. nach dem Verbrauchs- oder Verursacherprinzip richten. Abweichende Regelungen können bereits in der → Teilungserklärung oder der → Gemeinschaftsordnung durch den teilenden Eigentümer vorgenommen werden. Sie können aber auch durch die späteren Eigentümer erfolgen, vorausgesetzt, alle Eigentümer stimmen dieser abweichenden Regelung zu (→ Allstimmigkeit).

Mehrheitlich beschlossene Verteilungsschlüssel sind wie alle anderen Beschlüsse in die → Beschluss-Sammlung gemäß § 24 Abs. 7 WEG aufzunehmen. Die fehlende Aufnahme und damit auch der fehlende Nachweis stehen allerdings der Wirksamkeit des beschlossenen Verteilungsschlüssels nicht entgegen. Der Eintrag in die Beschluss-Sammlung hat keine konstitutive Wirkung.

Vertreter

Gemeint ist mit diesem verkürzten Begriff eigentlich die Bezeichnung „Stellvertretung“. Kann ein Wohnungseigentümer aus persönlichen Gründen nicht zur → Wohnungseigentümerversammlung erscheinen, kann er einen Vertreter bevollmächtigen, um für ihn die Stimmen abzugeben.

Grundsätzlich kann der Wohnungseigentümer jede geschäftsfähige Person auswählen, die zur Stellvertretung bereit ist. In → Teilungserklärungen und Gemeinschaftsordnungen ist jedoch immer mal wieder die Begrenzung des Kreises der Vertreter enthalten. So dürfen die sich vertreten lassen wollenden Eigentümer nur einen anderen Miteigentümer, den Ehegatten oder Verwandte in gerader Linie oder Personen, die zur Verschwiegenheit verpflichtet sind (gemeint ist meist ein Steuerberater oder Rechtsanwalt oder Wirtschaftsprüfer, das trifft aber auch auf Geistliche und Ärzte zu) zum Vertreter bestellen.

Gibt der Wohnungseigentümer einer anderen als den genannten Personen eine Vollmacht, obwohl die Bestellung eines Vertreters beschränkt ist, ist keine wirksame Vertretung gegeben und der Vertreter wird in aller Regel wieder aus der Versammlung geschickt und darf nicht abstimmen.

Vertretungsvollmacht

Der Stellvertreter bzw. → Vertreter, der im Auftrag des einzelnen Wohnungseigentümers zur → Eigentümerversammlung erscheint, muss seine Stimmrechtsvollmacht normalerweise in schriftlicher Form dem Versammlungsleiter vorlegen. Liegt eine solche Stimmrechtsvollmacht nicht schriftlich vor, ist die Stimmabgabe unwirksam. Ausnahmsweise ist die Zurückweisung einer Stimmabgabe rechtswidrig, wenn gemäß § 174 Satz 2 BGB der Vollmachtgeber, das heißt der Wohnungseigentümer, die anderen Miteigentümer von seiner Bevollmächtigung in Kenntnis gesetzt hat, insbesondere den Versammlungsleiter.

Verwalter

Bestellung und Abberufung

Der Verwalter wird durch → Beschluss der Wohnungseigentümer mit Stimmenmehrheit (→ Mehrheitsbeschluss) bestellt und abberufen. Seine Bestellung darf in jedem Fall nur auf höchstens fünf Jahre erfolgen; bei der erstmaligen Bestellung nach Begründung der → Wohnungseigentümergemeinschaft sogar nur drei Jahre (§ 26 Abs. 1 Satz 2 WEG). Zum Verwalter bestellt werden können Eigentümer oder Dritte, juristische Personen oder OHG/KG, nicht hingegen mehrere Gesellschafter einer GbR (BGH vom 26.01.2006, Az. VZB 132/05).

Unterschieden werden muss zwischen dem eigentlichen Bestellungsakt und dem Abschluss des Verwaltervertrags. Durch den Bestellungsakt wird im Innenverhältnis von den Wohnungseigentümern bestimmt, wer Verwalter sein soll. Eine wiederholte Bestellung ist möglich. Diese bedarf jedoch eines neuen → Beschlusses der → Eigentümerversammlung und darf frühestens ein Jahr vor Ablauf der Bestellungszeit gefasst werden (§ 26 Abs. 4 WEG). Eine Bestellung ohne zeitliche Befristung oder über fünf Jahre hinaus ist nicht unwirksam, sondern endet fünf Jahre nach Beginn der Amtszeit bzw. nach drei Jahren bei einer Erstbestellung – und zwar automatisch.

Da durch den Bestellungsakt selbst noch keine Verpflichtung begründet werden kann, das Amt des Verwalters zu übernehmen, bedarf es noch eines Verwaltervertrags. Auch im Fall, dass es sich bei dem Verwalter um einen Wohnungseigentümer handelt, ist im Zweifel davon auszugehen, dass dessen Tätigkeit entgeltlich ist.

Die Abberufung des Verwalters kann auf das Vorliegen eines wichtigen Grunds beschränkt werden. Wichtige Gründe können dabei zum Beispiel Missachtung des Willens der Wohnungseigentümer oder Verletzung der Verwalterpflichten, Vermögensverfall, Fälschung und erheblich verspätete Übersendung des → Protokolls, aber auch eine Häufung von kleinen Fehlern sein. Der Verwalter ist auch verpflichtet, eine ordnungsgemäße → Beschluss-Sammlung zu führen. Verletzt er diese Pflicht, ist dies ein gesetzlicher Grund zur Abberufung, den die WEG-Novelle gebracht hat (§ 26 Abs. 1 Satz 4 WEG).

Die Abberufung erfolgt aufgrund eines → Mehrheitsbeschlusses der Wohnungseigentümer oder durch Gerichtsbeschluss auf Antrag nach § 21 Abs. 4 WEG.

Das Verwalteramt kann auch durch Amtsniederlegung des Verwalters enden. Dazu ist der Verwalter aber nur berechtigt, wenn er selbst einen wichtigen Grund hat (OLG München vom 06.09.2005, Az. 32 Wx 60/05). Die Amtsniederlegung ist alsbald allen Wohnungseigentümern zur Kenntnis zu bringen und wird erst dann wirksam.

Die Anerkennung der → Teilrechtsfähigkeit der Wohnungseigentümergemeinschaft wirkt sich auch auf die Rechtsstellung des Verwalters aus. Durch den Beschluss gemäß § 26 Abs. 1 WEG erlangt dieser eine Organstellung im Verhältnis zu den „einzelnen" Wohnungseigentümern und zum „Verband" der → Gemeinschaft der Wohnungseigentümer. Man spricht von einer „Doppelnatur".

Aufgaben und Befugnisse

Diese sind in § 27 WEG zusammengefasst und können auch durch → Vereinbarung der Wohnungseigentümer nicht eingeschränkt oder ausgeschlossen werden. Der Verwalter ist weisungsgebundener Beauftragter bzw. Geschäftsbesorger der Wohnungseigentümergemeinschaft.

Die „Doppelnatur" der Verwalterstellung wird in der Regelung des § 27 WEG deutlich. In § 27 Abs. 1 WEG wird das Innenverhältnis sowohl gegenüber den einzelnen Eigentümern als auch gegenüber der → Gemeinschaft der Wohnungseigentümer geregelt. Danach muss der Verwalter unter anderem Beschlüsse der Wohnungseigentümer durchführen oder erforderliche Maßnahmen zur → Instandhaltung und → Instandsetzung treffen.

Der Gesetzeskatalog umfasst allein acht Nummern mit diversen Aufgaben. In § 27 Abs. 2 WEG wird im Außenverhältnis der Umfang der Vertretungsmacht (→ Vertretungsvollmacht) des Verwalters für die Wohnungseigentümer normiert, zum Beispiel Willenserklärungen und Zustellungen entgegenzunehmen. Der Katalog hat immerhin auch vier Nummern.

Aus § 27 Abs. 3 WEG ergibt sich die Vertretungsmacht des Verwalters für die → Gemeinschaft der Wohnungseigentümer (im Außenverhältnis), in dieser Norm sind allein sieben verschiedene Aufgaben und Befugnisse dargestellt.

Wirtschaftsplan und Abrechnung

Gemäß § 28 WEG hat der Verwalter jeweils für ein Kalenderjahr einen → Wirtschaftsplan aufzustellen. Dieser soll laut Gesetz enthalten:

- die voraussichtlichen Einnahmen und Ausgaben bei der Verwaltung des → gemeinschaftlichen Eigentums
- die anteilmäßige Verpflichtung der Wohnungseigentümer zur Lasten- und Kostentragung
- die Beitragsleistung der Wohnungseigentümer zu der → Instandhaltungsrücklage

Nach Abruf durch den Verwalter sind die Wohnungseigentümer verpflichtet, dem beschlossenen → Wirtschaftsplan entsprechend Vorschüsse zu leisten. Der Verwalter wird in der Regel das → Lastschriftverfahren bevorzugen.

Der Verwalter ist den Wohnungseigentümern zur Abrechnung (→ Jahresabrechnung) verpflichtet. Die Abrechnung muss ohne Zuziehung eines Beraters verständlich, geordnet und nachprüfbar sein. Die Wohnungseigentümer beschließen über die Abrechnung durch Stimmenmehrheit (→ Mehrheitsbeschluss).

Verwalterbestellung

Die Verwalterbestellung und der Abschluss des Verwaltervertrags sind zu unterscheiden. Durch den organisationsrechtlichen Bestellungsakt wird die Organschaft des → Verwalters in doppelter Hinsicht begründet. Der Verwaltervertrag ist seiner Rechtsnatur nach ein unentgeltlicher Auftrag oder ein entgeltlicher Geschäftsbesorgungsvertrag. Im Verwaltervertrag werden die einzelnen Rechte und Pflichten und insbesondere auch die → Kosten der Verwaltung festgelegt. Der gewerbsmäßige Verwalter beansprucht regelmäßig für seine Tätigkeit eine Vergütung.

Der organisationsrechtliche Bestellungsakt bezüglich der Verwalterbestellung kann bereits durch die → Gemeinschaftsordnung erfolgen oder durch einen → Mehrheitsbeschluss.

Die Bestellung kann auf unbestimmte oder auf bestimmte Dauer erfolgen. § 26 WEG legt jedoch fest, dass ein Verwalter nicht für mehr als fünf Jahre (oder drei Jahre) bestellt werden darf. Wird der Verwalter auf unbestimmte Zeit bestellt, endet sein Amt mit Ablauf von fünf (oder drei) Jahren. Der Beschluss zur Wiederwahl widerspricht den Grundsätzen → ordnungsgemäßer Verwaltung und ist unwirksam, wenn in der Person des gewählten → Verwalters ein wichtiger Grund vorliegt, der gegen seine Bestellung spricht. Die Anforderungen sind bei der Bestellung höher als bei der Abberufung.

Verwaltergebühren

In § 26 WEG ist die Art und Weise geregelt, wie ein → Verwalter abberufen oder bestellt wird. In der Regel erfolgt die Bestellung eines Verwalters durch einen → Mehrheitsbeschluss. Sodann wird zwischen der → Wohnungseigentümergemeinschaft und dem Verwalter ein Verwaltervertrag abgeschlossen, in diesem Vertrag sollte insbesondere die Frage der Vergütung (Verwaltergebühren) geregelt sein.

Fehlt es an einer solchen → Vereinbarung, greift hilfsweise § 612 BGB ein, wonach im Zweifel eine Vergütung als stillschweigend vereinbart gilt und deren Höhe sich nach den üblichen Sätzen richtet. Häufig wird ein bestimmtes Honorar pro Wohneinheit vereinbart, die Vergütung kann sich aber auch der Höhe nach den jeweiligen Miteigentumsanteilen richten.

Leider ist immer wieder zu beobachten, dass Wohnraumeigentümer als Vermieter im Rahmen von mietrechtlichen Betriebskostenabrechnungen gegenüber dem Mieter die Verwaltergebühren (Verwaltervergütung) auf den Mieter umlegen möchten. Solche Wohnungsverwaltungskosten sind auch bei anders lautender schriftlicher Vereinbarung nicht als umlagefähig anzusehen. Solche Kosten muss der Mieter nicht tragen.

Stellt ein Mieter beispielsweise fest, dass er zu Unrecht Beträge an den Vermieter bezahlt hat, kann der Mieter die zu viel bezahlten Beträge vom Vermieter zurückverlangen.

Neben der normalen Vergütung des Verwalters, die sich aus der vertraglichen Regelung zwischen der → Eigentümergemeinschaft und dem → Verwalter ergibt, kann gelegentlich der Verwalter auch eine Sondervergütung für Sonderleistungen verlangen. Wenn zum Beispiel der Verwalter von der Wohnungseigentümergemeinschaft beauftragt wird, → Baumängel geltend zu machen, zu deren Beseitigung er nicht verpflichtet ist, kann er eine Sondervergütung verlangen. Das gilt ebenso bei der Organisation und Durchführung von größeren Reparaturarbeiten.

Verwaltung

Im Rahmen des WEG-Rechts wird man von drei unterschiedlichen Verwaltungen sprechen müssen, nämlich von der kaufmännischen Verwaltung, von der rechtlichen Verwaltung und von der technischen Verwaltung.

Bei der kaufmännischen Verwaltung muss der → Verwalter in erster Linie bei seinem neuen Objekt danach schauen, ob sämtliche Verwaltungsunterlagen des Objekts vorhanden und vollständig sind.

Bei der rechtlichen Verwaltung muss der Verwalter eine entsprechende Bestandsaufnahme machen und eventuell in „laufende Prozesse" eintreten oder übernehmen.

Bei der technischen Verwaltung schließlich geht es um die Hinterfragung des Gebäudezustands. Welche Außenanlagen müssen gerichtet werden? Welche Gebäudeteile müssen saniert und instandgesetzt werden? Sind die technischen Einrichtungen noch auf dem → Stand der Technik oder bedarf es hier umfangreicher Maßnahmen?

Die gesamten, vorgenannten Problemkreise betreffen das Stichwort Verwaltung.

Verwaltungsbeirat

Neben der → Eigentümerversammlung und dem → Verwalter kann als drittes Organ ein Verwaltungsbeirat durch Stimmenmehrheit bestellt werden. Größere → Wohnungseigentümergemeinschaften sollten von dieser Möglichkeit Gebrauch machen. Sieht die → Gemeinschaftsordnung bereits vor, dass ein Beirat zu bestellen ist, besteht für die Wohnungseigentümer die Pflicht, durch → Mehrheitsbeschluss den Verwaltungsbeirat zu bestellen.

Gemäß § 29 Abs. 1 Satz 1 WEG besteht der Verwaltungsbeirat aus einem Wohnungseigentümer als Vorsitzendem und zwei weiteren Wohnungseigentümern als Beisitzern. Der → Verwalter kann nicht Mitglied des Beirats sein. Hauptsächliche Aufgabe des Verwaltungsbeirats ist die Unterstützung des Verwalters.

Das wird in der Praxis zumeist die Überprüfung eingeholter Kostenangebote für Sanierungsmaßnahmen, die Vorbereitung der → Wohnungseigentümerversammlung und die turnusmäßige Information der Wohnungseigentümer sein. Des Weiteren wird der Verwaltungsbeirat den → Wirtschaftsplan und die → Jahresabrechnung vor der Beschlussfassung überprüfen und mit einer eigenen Stellungnahme versehen. Weitergehende Kontrollrechte, insbesondere hinsichtlich der Verwaltertätigkeit, gibt das Gesetz dem Verwaltungsbeirat nicht. Der Beirat hat nicht die Funktion eines Aufsichtsrats.

Jedoch kann die Versammlung die Erweiterung seiner Befugnisse mittels → Mehrheitsbeschluss ermöglichen. Ohne einen entsprechenden Auftrag besteht für den Verwaltungsbeirat keine Verpflichtung zur Überwachung und erst recht keine Befugnis zur Kündigung des → Verwalters. Insofern können die Wohnungseigentümer lediglich die Kündigung des Verwaltervertrags beschließen und den Beirat beauftragen, die beschlossene Kündigungserklärung gegenüber dem Verwalter abzugeben. Der Verwaltungsbeirat kann nicht aufgrund eigener Entscheidung die Kündigung aussprechen. Er ist im Übrigen gegenüber den Wohnungseigentümern grundsätzlich nur in der → Wohnungseigentümerversammlung auskunftspflichtig.

Der dem Verwaltungsbeirat zu zahlende Aufwendungsersatz gehört zu den Verwaltungskosten (→ Kosten der Verwaltung), falls solche beschlossen sind.

Wie der Verwalter haben auch die Mitglieder des Verwaltungsbeirats keinen Anspruch auf Entlastung durch die Versammlung. Diese sollten daher bei ihrem Amtsantritt bestimmen, dass sie durch die Versammlung zu entlasten sind, sofern die Voraussetzungen hierfür vorliegen.

Des Weiteren sollte im Bestellungsbeschluss der Versammlung vorgesehen sein, dass die Haftung der Verwaltungsbeiratsmitglieder auf Vorsatz und grobe Fahrlässigkeit beschränkt und eventuell für die Beiräte eine Haftpflichtversicherung abgeschlossen wird.

Seit der WEG-Novelle ist die Wohnungseigentümergemeinschaft als Verband der Vertragspartner der Verwaltungsbeiräte.

Der Verwaltungsbeirat gestaltet seine interne Meinungsfindung durch interne Verwaltungsbeiratsbeschlüsse. Ob solche Beschlüsse gemäß §§ 43 Abs. 5 und 46 WEG angefochten werden können (von anderen Verwaltungsbeiratsmitgliedern), ist sehr fraglich. Man wird sich wohl damit abfinden müssen, dass die Beschlüsse des Verwaltungsbeirats nicht angefochten werden können, da der Wortlaut der gesetzlichen Regelung hierzu nichts aussagt.

Verwaltungsvermögen

Das Verwaltungsvermögen ist vom Bestand der Mitglieder einer → Wohnungseigentümergemeinschaft unabhängig, weil § 10 Abs. 7 WEG regelt, dass es der → teilrechtsfähigen Gemeinschaft (→ Teilrechtsfähigkeit) der Wohnungseigentümer zugeordnet wird. Bei einem Eigentümerwechsel hat der ausscheidende Wohnungseigentümer keinen Anspruch auf Auseinandersetzung, das heißt seine Zahlungen in die → Bestandhaltungsrücklage bleiben bei der Wohnungseigentümergemeinschaft (→ Gemeinschaft der Wohnungseigentümer). Der eintretende Wohnungseigentümer wird automatisch Teilhaber des bestehenden Verwaltungsvermögens. Dazu gehören zum Beispiel die → Instandhaltungsrücklage, das Guthaben auf dem laufenden Girokonto der Wohnungseigentümer und gemeinsam angeschaffte Gegenstände wie Rasenmäher, Wäschetrockner oder Kehrmaschinen.

Hat die Gemeinschaft Verbindlichkeiten, bedarf es bei einem Eigentümerwechsel keiner besonderen → Vereinbarung zwischen neuem und altem Eigentümer zur Regelung dieses Problems. Auch Verbindlichkeiten treffen die teilrechtsfähige Gemeinschaft unabhängig vom Mitgliederbestand.

Vorkaufsrecht

§ 463 BGB

Wer in Ansehung eines Gegenstandes zum Vorkauf berechtigt ist, kann das Vorkaufsrecht ausüben, sobald der Verpflichtete mit einem Dritten einen Kaufvertrag über den Gegenstand geschlossen hat.

Eine Eigentumswohnung kann mit einem solchen (= gesetzlichen) Vorkaufsrecht belastet werden. Per Gesetz erfolgt diese Belastung, die nicht im → Grundbuch eingetragen wird, durch die Aufteilung in Miteigentumsanteile nach → Umwandlung.

Der Begünstigte eines solchen Vorkaufsrechts kann zum Beispiel der Mieter der Eigentumswohnung sein, und zwar immer dann, wenn eine Wohnung in Wohnungseigentum umgewandelt wurde. In diesem Fall ist dem Mieter ein gesetzliches Vorkaufsrecht eingeräumt worden. Wir verweisen insoweit auf § 577 BGB und die weitere Darstellung unter → Umwandlung.

Sind die Voraussetzungen des § 577 BGB gegeben, kann der Mieter in den Kaufvertrag, den der Eigentümer der Mietwohnung mit einem Dritten abgeschlossen hat, zu den gleichen Bedingungen eintreten und die bisher von ihm als Mieter bewohnte Wohnung zum Eigentum erwerben.

Wiedereinsetzung in den vorigen Stand

Hierbei handelt es sich um die Beseitigung eines Rechtsnachteils, der wegen Versäumung einer Prozesshandlung eingetreten ist. Der Säumige muss einen entsprechenden Antrag auf gerichtliche Entscheidung stellen.

Voraussetzung der Wiedereinsetzung in den vorigen Stand ist eine Versäumung der Frist ohne Verschulden.

Beispiel:

Die im WEG-Verfahren gängige → Anfechtungsklage wird nicht rechtzeitig nach Beschlussfassung erhoben oder nicht rechtzeitig begründet (§ 46 WEG). Wenn die Fristversäumnis ohne Verschulden passierte, empfiehlt sich ein hier beschriebener Antrag.

Es wird aber darauf hingewiesen, dass ein solcher Antrag in der Regel sehr schwer positiv durchzusetzen ist. Lieber keine Frist versäumen!

Wiederholungsversammlung

§ 25 Abs. 4 WEG regelt, wie eine Wiederholungsversammlung durchzuführen ist. Diese Wiederholungsversammlung ist ohne Rücksicht der anwesenden Wohnungseigentümer bzw. der Miteigentumsanteile immer beschlussfähig. Die Wiederholungsversammlung kann gleichzeitig mit der Einladung zur ordentlichen → Wohnungseigentümerversammlung terminiert werden.

Nicht ordnungsgemäße → Verwaltung wäre allerdings, wenn die Terminierung eine halbe Stunde später nach der offiziellen Versammlung durchgeführt werden würde. Es sollten schon einige Tage dazwischen liegen und in der Einladung gesondert darauf hingewiesen werden, dass die Wiederholungsversammlung – unabhängig von der Anzahl der → Miteigentumsanteile – beschlussfähig ist. Es reicht also, wenn nur ein Eigentümer vertreten oder anwesend ist.

Die → Tagesordnung der Wiederholungsversammlung muss exakt mit der Tagesordnung der nichtbeschlussfähigen Versammlung übereinstimmen. Es dürfen keine neuen Tagesordnungspunkte in der Einladung aufgeführt werden.

Wirtschaftsplan

Der Wirtschaftsplan ist jeweils für ein Kalenderjahr vom → Verwalter aufzustellen. Der Wirtschaftsplan hat dabei die zu erwartenden Ein- und Ausgaben bei der Verwaltung des → gemeinschaftlichen Eigentums zu enthalten.

Zu den Einnahmen zählen insbesondere die Zahlung der → Hausgelder der Eigentümer, Beträge des Gemeinschaftseigentums wie zum Beispiel Mieten, aufzulösende Rücklagen, → Sonderumlagen sowie Beiträge zur → Instandhaltungsrücklage. Zu den zu erwartenden Ausgaben zählen insbesondere Lasten und Kosten, Instandhaltungsrückstellung sowie auszuschüttende Erträge, beispielsweise die Rückzahlung von Hausgeldguthaben (→ Hausgeld) an die Wohnungseigentümer aus der → Jahresabrechnung.

Der Form nach soll der Wirtschaftsplan eine geordnete Zusammenstellung der einzelnen Rechnungspositionen darstellen. Darüber hinaus muss sich aus ihm ergeben, wie und nach welchem Verteilungsschlüssel sich die einzelnen Positionen auf die jeweiligen Wohnungseigentümer beziehen.

In jedem Fall muss sichergestellt sein, dass der Wirtschaftsplan für jeden Wohnungseigentümer ohne größere Anstrengung verständlich und nachprüfbar ist.

Gemäß § 28 WEG sind die Wohnungseigentümer verpflichtet, an den → Verwalter Vorschüsse entsprechend dem beschlossenen Wirtschaftsplan zu leisten.

Des Weiteren hat der → Verwalter nach Ablauf des Kalenderjahres eine Abrechnung (→ Jahresabrechnung) zu erstellen. Diese soll die Einnahmen bzw. Ausgaben auflisten und die daraus resultierenden Überschüsse bzw. Belastungen für den jeweiligen Wohnungseigentümer nach dem → Verteilungsschlüssel dokumentieren.

Sowohl Wirtschaftsplan als auch die → Jahresabrechnung werden erst durch den → Mehrheitsbeschluss der → Eigentümerversammlung verbindlich. Durch diesen Mehrheitsbeschluss kann auch der vom → Verwalter eingereichte Entwurf der → Jahresabrechnung oder des Wirtschaftsplans geändert werden. Wenn die → Teilungserklärung nichts anderes sagt, können die Wohnungseigentümer mit Mehrheitsbeschluss die Fälligkeit der Hausgeldvorschüsse (→ Hausgeld) selbst regeln (BGH vom 02.10.2003, Az. V ZB 34/03).

Wohnen im Alter

„Stilvoll, komfortabel, unabhängig und gut betreut": ein Wunschtraum vieler Senioren. Vielleicht auch nur eine gut gemeinte Werbeaussage.

Vielfältige Wohnmöglichkeiten im Alter sind denkbar: Man kann in den eigenen vier Wänden zur Miete oder als Eigentümer wohnen. Man kann sich mit anderen Senioren und Seniorinnen zusammentun und gemeinschaftlich wohnen (Senioren-WG), in ein Wohnstift, ein Altenheim oder eine Seniorenresidenz gehen sowie in ein Mehrgenerationenhaus einziehen. Man kann sich auch in den eigenen vier Wänden betreuen lassen (ambulante Pflege).

Vielfältige Wohnformen im Alter sind denkbar. Die Auswahl wird sich nicht nur nach dem eigenen Geschmack richten, sondern natürlich auch nach den finanziellen Möglichkeiten. Der Idealfall ist vorstehend im Eingangssatz beschrieben. Alle Arten des Wohnens im Alter sind gut gegeneinander abzuwägen und haben Vor- und Nachteile, die sehr umsichtig bedacht sein sollten, bevor eine Entscheidung getroffen wird, aus den eigenen vier Wänden auszuziehen.

Wohngeld

Nach dem Wohngeldgesetz hat jeder Bürger zur Vermeidung sozialer Härten einen Anspruch auf Wohngeld. Wer zum Bezug von Wohngeld berechtigt ist, definiert § 3 WoGG.

Danach besitzen neben Mietern auch Wohnungseigentümer einen Anspruch auf diesen öffentlich-rechtlichen Zuschuss. Wie hoch dieser ausfällt, hängt im Einzelnen davon ab, wie groß die Familie ist sowie von der Einkommenshöhe, bei Wohnungseigentümern von der Höhe der Belastung.

Nichts mit diesen öffentlich-rechtlichen Unterstützungsmaßnahmen zu tun hat das → Hausgeld, das in der Regel jeder Wohnungseigentümer an die → Gemeinschaft der Wohnungseigentümer zur

Deckung der laufenden Kosten zu bezahlen hat. Dieses Hausgeld wird häufig auch als Wohngeld bezeichnet.

Wohnungsanpassung

Völlig unabhängig vom Alter passiert es leider oft ganz plötzlich: ein schwerer Sturz, ein Verkehrsunfall, ein Schlaganfall oder ein Herzinfarkt und plötzlich wird die eigene Wohnung zum unüberwindbaren Hindernis.

Von einer Minute auf die andere kann sich das ganze Leben verändern. Um ein unabhängiges und selbstständiges Leben in der bisherigen Wohnung (gleichgültig, ob als Mietwohnung oder Wohnungseigentum) führen zu können, ist eine (erhebliche) Wohnungsanpassung geboten.

In Glücksfällen helfen kleine technische, bauliche Maßnahmen, um die Wohnung an die geänderten Bedürfnisse anzupassen.

Zweck der Wohnungsanpassungsmaßnahmen ist meistens nicht die Steigerung des Komforts, sondern vor allem die Erhöhung der Sicherheit und die Beseitigung von möglichen Gefahrenquellen wie rutschigen Böden, Stolperfallen oder schlechter Beleuchtung.

Eine Wohnungsanpassung wird aber auch oft dort erforderlich, wo ganz normale Alterserscheinungen auftreten, zum Beispiel die Sehkraft nachlässt, ein Arthroseleiden, Schwerhörigkeit oder eine Gehbehinderung eintreten.

Auch → bauliche Veränderungen an der Wohnung müssen nicht unbedingt ein Vermögen kosten. Allerdings sollten bauliche Veränderungen immer mit dem Vermieter abgesprochen werden und im Falle einer Eigentumswohnung natürlich auch der → Verwalter darüber informiert und ggf. die (erforderliche) Zustimmung der anderen Miteigentümer eingeholt werden.

Grundsätzlich sind bauliche Veränderungen in Eigentumswohnungen nur dann (ungefragt) zulässig, wenn alleine das → Sondereigentum betroffen ist. Sobald → gemeinschaftliches Eigentum tangiert ist, ist in aller Regel die Zustimmung der übrigen Wohnungseigentümer erforderlich. Diese müssen aber, wenn gewichtige Gründe aufseiten des einzelnen Eigentümers vorliegen, einer solchen Veränderung zustimmen. Notfalls muss die Zustimmung gerichtlich erstritten werden.

Wohnungseigentum

Das deutsche Recht meint mit dem Begriff Wohnungseigentum eine Form des Eigentums im Sinne von Art. 14 GG an einer einzelnen, abgeschlossenen Wohnung. Das Wohnungseigentum wird durch die Eintragung in das → Grundbuch nach Maßgabe einer → Teilungserklärung bzw. einer → Gemeinschaftsordnung und Anlegen eines eigenen Grundbuchblatts begründet. Eine solche Eigentumswohnung kann verkauft, verschenkt oder belastet werden. Selbstverständlich ist sie auch vererbbar.

Das Wohnungseigentum beinhaltet drei weitere wichtige Komponenten, nämlich:

- → Sondereigentum an den Räumen der Wohnung
- → Miteigentumsanteil am Gemeinschaftseigentum (gemeint sind das Grundstück und das Verwaltungsvermögen)
- Mitgliedschaftsrecht in der → Wohnungseigentümergemeinschaft (vgl. § 1 WEG)

Das Wohnungseigentum kann auch zum Beispiel an einem Doppelhaus begründet werden, an Reihenhäusern oder auch Mehrhausanlagen.

Wohnungseigentümergemeinschaft

Die → Gemeinschaft der Wohnungseigentümer ist rechtsfähig, soweit sie bei der Verwaltung des → gemeinschaftlichen Eigentums am Rechtsverkehr teilnimmt. Der Gesetzgeber hat bei der WEG-Novelle eine Entscheidung des BGH (02.06.2005, Az. V ZB 32/05) modifiziert übernommen.

Man muss nun streng zwischen zwei „Gruppen" in einer Wohnungseigentumsanlage unterscheiden: Zum einen gibt es die „einzelnen" Wohnungseigentümer („jeder für sich") und den „Verband" → Gemeinschaft der Wohnungseigentümer.

So kann beispielsweise ein einzelner Wohnungseigentümer mit einer → Anfechtungsklage gegen → Beschlüsse, die auf der → Eigentümerversammlung gefasst wurden, vorgehen. Bezahlt die Wohnungseigentümergemeinschaft zum Beispiel eine Handwerkerrechnung, die die Reparatur gemeinschaftlichen Eigentums betrifft, nicht, muss der Handwerker den „Verband" auf Zahlung verklagen und nicht alle einzelnen Wohnungseigentümer. Das hat für den Handwerker den Vorteil, dass er sich im Grunde genommen nicht um einen Wechsel der Mitglieder innerhalb des Verbands kümmern muss.

Neben der Haftung der teilrechtsfähigen Wohnungseigentümergemeinschaft (→ Teilrechtsfähigkeit) kommt eine akzessorische gesamtschuldnerische Haftung der Wohnungseigentümer nur dann ausnahmsweise in Betracht, wenn diese sich neben dem Verband klar und eindeutig auch persönlich verpflichtet haben.

Gläubiger der Gemeinschaft können auf deren Verwaltungsvermögen zugreifen, welches auch die Ansprüche der Gemeinschaft gegen die Wohnungseigentümer und gegen Dritte umfasst. Zu den pfändbaren Ansprüchen der Gemeinschaft gehören der Anspruch, ihr die finanzielle Grundlage zur Begleichung der laufenden Verpflichtungen durch Beschlussfassung über den → Wirtschaftsplan, seine Ergänzung (→ Sonderumlage) oder die → Jahresabrechnung zu verschaffen, sowie Ansprüche aus Verletzung dieser Verpflichtung.

Wohnungsentziehung

Rechtsstreitigkeiten zwischen Wohnungseigentümern wegen Entziehung des → Wohnungseigentums sind Wohnungseigentumssachen im Sinne des § 43 Nr. 1, 2 WEG. Grundsätzlich wird eine Entziehungsklage nach § 18 WEG durchgeführt.

Die Entziehungsklage hat zur Folge, dass der beklagte Wohnungseigentümer verpflichtet ist, sein Wohnungseigentum zu veräußern. In § 18 WEG ist das genaue Procedere, was bei einer Entziehungsklage zu tun ist, festgehalten:

§ 18 WEG

Hat ein Wohnungseigentümer sich einer so schweren Verletzung der ihm gegenüber anderen Wohnungseigentümern obliegenden Verpflichtungen schuldig gemacht, dass diesen die Fortsetzung der Gemeinschaft mit ihm nicht mehr zugemutet werden kann, so können die anderen Wohnungseigentümer von ihm die Veräußerung seines Wohnungseigentums verlangen. Die Ausübung des Entziehungsrechts steht der Gemeinschaft der Wohnungseigentümer zu, soweit es sich nicht um eine Gemeinschaft handelt, die nur aus zwei Wohnungseigentümern besteht.

In Abs. 2 werden weitere Voraussetzungen für eine Entziehungsklage aufgeführt. Die Unzumutbarkeit ist festzustellen und jedenfalls eine Frage des jeweiligen Einzelfalls. Grundsätzlich ist dabei zu beachten, dass die Entziehung des Wohnungseigentums immer nur das letzte Mittel zur Behebung schwerer Konflikte unter den Wohnungseigentümern sein darf. Vorgesetzt wird daher mindestens eine Abmahnung, die erfolglos war.

Weiter bedarf es eines Abmahnbeschlusses, außerdem muss trotz Abmahnung eine Wiederholungsgefahr bestehen. Bei Zahlungsverzug, das heißt bei Hausgeldrückständen (→ Hausgeld), sollte der rückständige Betrag 3 Prozent des Einheitswerts über einen Zeitraum von mehr als drei Monaten überstiegen sein. Dann wäre ein Entziehungsgrund gegeben und die Wohnungseigentümer können mehrheitlich (→ Mehrheitsbeschluss) einen Entziehungsbeschluss in der → Wohnungseigentümerversammlung fassen. Im Anschluss daran ist eine Entziehungsklage (sog. Abmeierungsklage) beim Amtsgericht zu erheben. Klagebefugt in gesetzlicher Prozessstandschaft ist die → Gemeinschaft der Wohnungseigentümer.

Der BGH hat in seiner Entscheidung vom 19.12.2013 (Az. V 96/13) seine ständige Rechtsprechung bekräftig, dass für die Entziehungsklage der volle Verkehrswert des zu entziehenden Wohnungseigentums maßgeblich ist. Die Höhe des Streitwerts kann dann auch zu hohen Prozesskosten führen.

Wohnungserbbaurecht

In § 30 WEG wird geregelt, dass Wohnungseigentum auch auf Erbbaurechtsgrundlage möglich ist. In § 1 ErbbauVO (Erbbaurechtsverordnung) wird der Begriff „Erbbaurecht" wie folgt definiert:

§ 1 ErbbauVO

Ein Grundstück kann in der Weise belastet werden, dass demjenigen, zu dessen Gunsten die Belastung erfolgt, das veräußerliche und vererbliche Recht zusteht, auf oder unter der Oberfläche des Grundstücks ein Bauwerk zu haben.

Hinsichtlich des Wohnungseigentums ist zu sagen, dass das Wohnungseigentum aus einem Bruchteil des Erbbaurechts und dem mit ihm unlöslich verbundenen → Sondereigentum am Gebäudeteil gemäß § 12 ErbbauVO besteht.

Zitterbeschluss

Beschlüsse der Wohnungseigentümer sind nur ungültig, wenn sie nach → Anfechtung innerhalb → Monatsfrist (→ Anfechtungsklage) durch rechtskräftiges Urteil für ungültig erklärt sind. Das gilt grundsätzlich für (nur) mehrheitlich gefasste Beschlüsse, die an sich der Zustimmung aller Eigentümer bedurft hätten (→ Allstimmigkeit). Ein → nichtiger Beschluss ist auf diese Weise allerdings nicht „wirksam" zu machen.

Man „zittert" einen Monat, ob eine → Anfechtungsklage und damit eine Ungültigerklärung erfolgt oder ob die → Anfechtung unterbleibt und damit der nur mehrheitlich gefasste → Beschluss trotz an sich erforderlicher → Allstimmigkeit oder erforderlicher → qualifizierter Mehrheit Bestandskraft erfährt.

Zustellungsvertreter

Nach § 27 Abs. 2 Nr. 1 WEG ist der → Verwalter einer → Wohnungseigentümergemeinschaft verpflichtet, behördliche Zustellungen und sonstige Willenserklärungen (z. B. Beispiel Kündigung des Hausmeisters) entgegenzunehmen. § 45 WEG regelt, dass der Verwalter auch Zustellungsvertreter der Gemeinschaft der Wohnungseigentümer in → Passivprozessen ist. Er hat im Rahmen von Prozessen Zustellungen entgegenzunehmen.

Für den Fall, dass kein Verwalter bestellt ist oder wegen Interessenkollision eine Zustellung an ihn nicht opportun ist, müsste die Wohnungseigentümergemeinschaft eigentlich einen → Ersatzzustellungsvertreter gemäß § 45 Abs. 2 WEG bestellt haben. Fehlt ein solcher, kann das Gericht einen Zustellungsvertreter für die Gemeinschaft der Wohnungseigentümer bestellen.

Zwangshypothek

Die Zwangshypothek dient der Sicherung von Forderungen und ist auch an Wohnungseigentumseinheiten möglich. Sie wird auf Antrag im → Grundbuch eingetragen und ist eine Vollstreckungsmaßnahme. Zur Eintragung einer Zwangshypothek ist ein Vollstreckungstitel nötig, zum Beispiel ein vorläufig vollstreckbares Urteil oder ein Vollstreckungsbescheid.

Ein Vollstreckungsgläubiger wird immer zugleich mit dem Anordnungs- und Beitrittsantrag im Zwangsversteigerungsverfahren aus einer persönlichen Forderung die Eintragung einer Zwangshypothek beantragen, um sich so den für diese geltenden gesetzlichen Löschungsanspruch aus § 1179a BGB gegenüber vorgehenden Eigentümergrundpfandrechten zu sichern.

Zwangsversteigerung

Das → Wohnungseigentum und das → Teileigentum nach dem WEG sind Grundstücksbruchteile und fallen somit in die Immobiliarvollstreckung, das heißt sie unterliegen der Zwangsvollstreckung in das unbewegliche Vermögen.

Für die Immobiliarvollstreckung gibt es drei Möglichkeiten:

- Zwangsversteigerung
- → Zwangsverwaltung
- → Zwangshypothek

Die Zwangsversteigerung soll durch bestmögliche zwangsweise Verwertung möglichst viele Gläubigeransprüche gegen den Wohnungseigentümer (= Schuldner) befriedigen und vielleicht auch noch für den Schuldner einen Überschuss erzielen.

Von der Beschlagnahme erfasst und Gegenstand der Zwangsversteigerung ist das Wohnungseigentum mit den gesetzlichen und für das Verhältnis der Wohnungseigentümer untereinander ergänzend oder abweichend vereinbarten, durch Grundbucheintragung verdinglichten Inhalten des → Sondereigentums (§ 10 WEG).

Die von den Wohnungseigentümern untereinander getroffenen → Vereinbarungen wirken, ebenso wie → Beschlüsse der Wohnungseigentümer und Entscheidungen des Richters, als Inhalt des Sondereigentums für und gegen den Ersteher, der Sondernachfolger des Wohnungseigentümers ist (§ 10 Abs. 2 und 3 WEG).

Als Inhalt des Sondereigentums kann vereinbart sein, dass zur Veräußerung des Wohnungseigentums die Zustimmung anderer Wohnungseigentümer oder eines Dritten (z. B. des → Verwalters) nötig ist (§ 12 Abs. 1 WEG).

Diese Veräußerungsbeschränkung gilt auch für die Zwangsvollstreckung (§ 12 Abs. 3 Satz 2 WEG); die Versteigerung ist dann von einer Zustimmung abhängig. Nur die (bloße) Anordnung der Zwangsversteigerung eines Wohnungseigentums setzt die Zustimmung nicht voraus, kann also ungehindert erfolgen. Die Zustimmung muss jedoch spätestens bei der Entscheidung über den Zuschlag im Zwangsversteigerungstermin erteilt sein.

Weiterhin bedarf nur der Zuschlag, der zum Übergang des Eigentums führt und den eigentlichen Übertragungsakt (in der Regel ein notarieller Kaufvertrag) ersetzt, der Zustimmung nach § 12 WEG. Erfolgt der Zuschlag ohne diese Zustimmung, ist der Eigentumsübergang nicht erfolgt, auch nicht bei Gutgläubigkeit.

Was für das Wohnungseigentum gesagt ist, gilt auch für das → Teileigentum.

Die Versteigerung von Wohnungseigentumsanteilen erfasst auch die Mitgliedschaftsrechte aus der → Wohnungseigentümergemeinschaft, jedoch nicht den Anteil an den gemeinschaftlichen Geldern. Diese verbleiben bei der Gemeinschaft und kommen dem neuen Eigentümer zugute.

Die Lasten des → gemeinschaftlichen Eigentums sowie die damit verbundenen Kosten (z. B. der → Instandhaltung) hat der Ersteher gemäß § 56 Satz 2 ZVG ab Zuschlag zu tragen.

Zwangsverwaltung

Eine Form der Zwangsvollstreckung in das Wohnungseigentum ist die Zwangsverwaltung.

Die Zwangsverwaltung soll durch bestmögliche zwangsweise Nutzung des Objekts mithilfe eines Zwangsverwalters alle laufenden Verbindlichkeiten der Eigentumswohnung befriedigen. Das bedeutet gleichzeitig, dass es keine Zwangsverwaltung mit dem Ziel der Aufhebung der Gemeinschaft gibt.

Während der Zwangsverwaltung übt der Zwangsverwalter alle Rechte und Pflichten des Wohnungseigentümers aus. Er muss auch die Lasten des → gemeinschaftlichen Eigentums sowie die damit verbundenen Kosten, beispielsweise der → Instandhaltung, → Instandsetzung oder sonstigen → Verwaltung, nach § 16 Abs. 2 WEG bestreiten. Der Zwangsverwalter hat auch das Stimmrecht des Wohnungseigentümers und muss für ihn an der → Eigentümerversammlung teilnehmen, da er sonst Gefahr läuft, für entstehende Schäden zu haften.

Der Zwangsverwalter tritt grundsätzlich nicht an die Stelle des „zwangsverwalteten" Eigentümers, sondern neben diesen: Der

Schuldner (Eigentümer) haftet neben dem Zwangsverwalter für das laufende → Hausgeld.

Die Zwangsverwaltung selbst ist durch § 149 ZVG aber stark behindert; danach sind dem in seinem Wohnungseigentum selbst wohnenden Eigentümer die für seinen Hausstand unentbehrlichen Räume zu belassen.

Im Gegensatz zur → Zwangsversteigerung ist die Anordnung und Durchführung der Zwangsverwaltung immer auch dann zulässig, wenn Zustimmungspflicht nach § 12 Abs. 1 WEG vereinbart ist, weil sie keine Veräußerung und Belastung herbeiführt.